— EINFACH WANDERVOLL —

BEAT LOSENEGGER, JEVGENIJ FUCHS, ALESSIO CARPINELLI
2014

IMPRESSUM

Copyright © 2014
Losenegger Consult GmbH
www.wandervoll.ch

1. Auflage

Vertrieb:
WERD & WEBER Verlag AG, Thun/Gwatt
www.werdverlag.ch
www.weberverlag.ch

Layout:
büro a+o, Aarau
www.buero-ao.ch

Schrift:
Brandon Text, HVD Fonts
www.hvdfonts.com

ISBN: 978-3-85932-736-8

HÄRZLECH WIUKOMME Z'BÄRN!

Nach dem grossen Erfolg von «Zürich einfach wandervoll» freuen wir uns, den zweiten Band der wandervollen Reihe zu präsentieren. «Bern einfach wandervoll» nimmt dich mit auf eine aussergewöhnliche Städtewanderung quer durch die Stadt Bern.

Mache dich bereit für ein neues Abenteuer und stürze dich auf die Bundesstadt. Zehn wandervolle Etappen bringen dich zu den spannendsten und schönsten Ecken der Zähringerstadt und bescheren dir ein unvergessliches Erlebnis. Wandere auf unbekannten Pfaden durch urbane und trendige Quartiere. Sei Zeuge der historischen Entwicklung und staune, was modernste Architektur hervorgebracht hat. Wage eine Reise durch Berns Vergangenheit, erkunde die Tiefen der Aare und betrete dunkle Gassen, in denen die Zeit stehen geblieben zu sein scheint. Schreite los und fühle den Puls. Schon bald wirst du sagen: «Bärn, i ha di gärn!»

AUTOREN

Beat Losenegger
Initiator und Autor von «Bern einfach wandervoll» und «Zürich einfach wandervoll». Er ist Geschäftsführer der Firma Losenegger Consult GmbH.

Jevgenij Fuchs
Autor von «Bern einfach wandervoll». Er studiert Biochemie an der Uni Fribourg und arbeitet nebenbei als Personal Coach.

Alessio Carpinelli
Autor von «Bern einfach wandervoll». Er studiert Recht und interessiert sich für alles, was mit Informatik zusammenhängt.

INHALT

	DAS WANDERVOLLE BUCH	12
1	IM HERZEN VON BERN	14
2	KULTUR, KULT UND KUH	48
3	DEIN HÖHENFLUG	84
4	ES WIRD ARCHITEKTONISCH	106
5	WO HOCHHÄUSER AUS DEM BODEN SCHIESSEN	128
6	BERN FORSTET AUF	150
7	AN DER GRÜNEN AARE	174
8	ÜBER BERNS BRÜCKEN MUSST DU GEHEN	198
9	DER OSTEN SCHLÄGT ZURÜCK	230
10	ROSIGE AUSSICHTEN	256
	TIPPS UND HOTELEMPFEHLUNGEN	288
	ZU GUTER LETZT	292

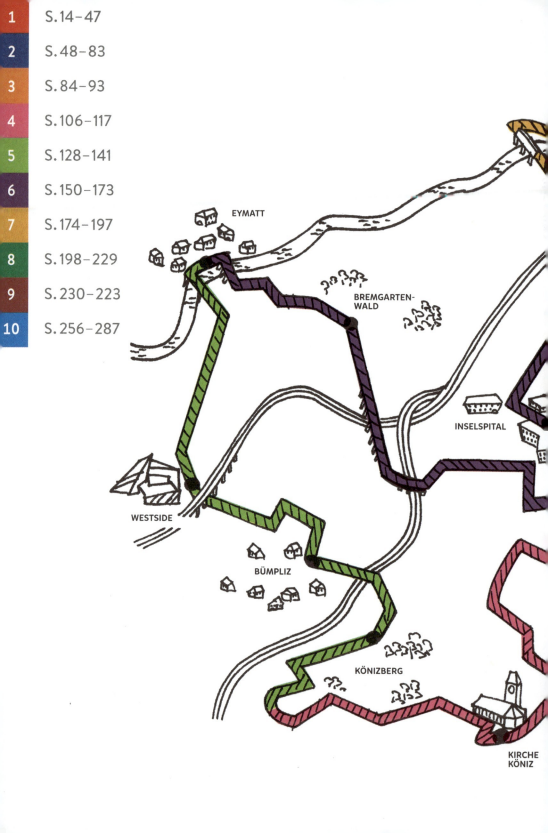

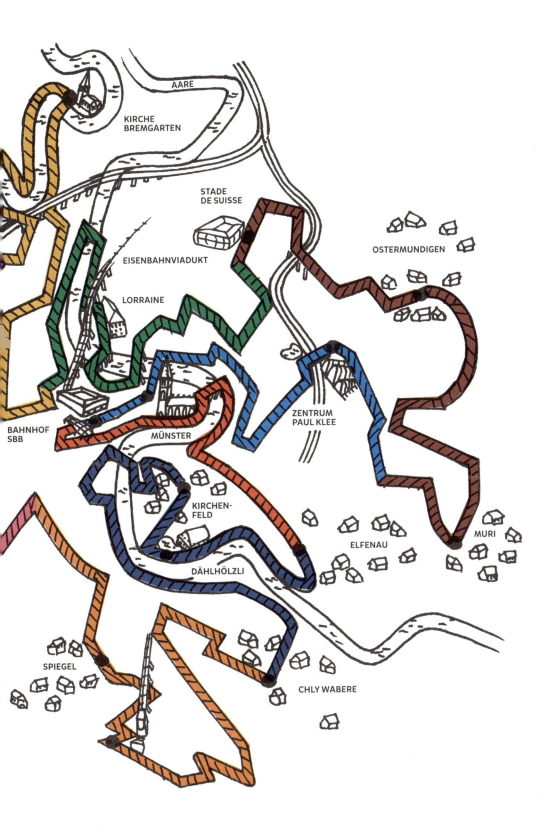

DAS WANDERVOLLE BUCH

Miteinander verbunden, bilden alle Etappen eine grosse Wanderschlaufe durch die ganze Stadt Bern. Rechne pro Etappe mit rund drei bis fünf Stunden. Wir empfehlen dir, die Etappen in der vorgesehenen Richtung abzulaufen – so kannst du einfach der Wegbeschreibung folgen.

WANDERVOLL-APP Hast du die wandervoll-App installiert, kannst du die genaue Route und deinen exakten Standort bequem auf deinem Handy abrufen. Die App enthält zudem spannende Hintergrundinformationen, Empfehlungen zu Restaurants, Geschäften und Hotels sowie attraktive Gutscheine von unseren Partnerbetrieben. Achte auf das Logo «mehr in der App»: ⓦ. Es zeigt dir an, wo du zusätzliche Informationen in der App findest.

SENFER	Jede Etappe ist gespickt mit spannenden Kommentaren von Anwohnern, Persönlichkeiten und anderen Eingeweihten, die zu bestimmten Orten oder Themen der Etappe ihren Senf dazugeben.
WANDERVOLLE TIPPS	Das Buch liefert hilfreiche Tipps zu Restaurants, Hotels, Bars und Geschäften, deren Besuch die Wanderung zu einem einmaligen Erlebnis macht.
BESUCHE UNS	wandervoll.ch
	twitter.com/wandervoll
	facebook.com/wandervoll

Etappe 1

...

1

Bern zieht dich ab dem ersten Schritt in seinen **Bann**: Tanze mit den Bären durch die charmante **Altstadt** und schwimme mit den Fischen der malerischen **Aare** entlang. Geniesse das phänomenale **Panorama** auf dem Münster und entdecke, dass Bern mehr als nur eine Touristenstadt ist. Schon bald wirst du sagen: **Bärn, i ha di gärn.**

DIE WANDERVOLLE ROUTE

START
Loebegge beim Bahnhofplatz

ZIEL
Elfenau, Willadingweg, Buslinie 19

DISTANZ
7 km

GUT ZU WISSEN
Sehr viele Sehenswürdigkeiten,
Pärke zum Ausruhen, Bademöglichkeit in der Aare,
Zeit einrechnen für den Seilpark

HÖHEPUNKTE

Kleine Schanze – Hügel der Musse
Bundeshaus – Planschen mit den Bundesräten
Münster und Münsterplattform – bahnbrechende Einblicke in die Geschichte
Mattequartier – vom Elendsviertel zum schönsten Dorf der Welt
Untertorbrücke – der Aare ganz nah
Bärengraben – lebende Stadtsymbole
Treppauf, treppab – so bleiben die Berner fit
Schwellenmätteli – lass dich mitreissen

Etappe 1

...

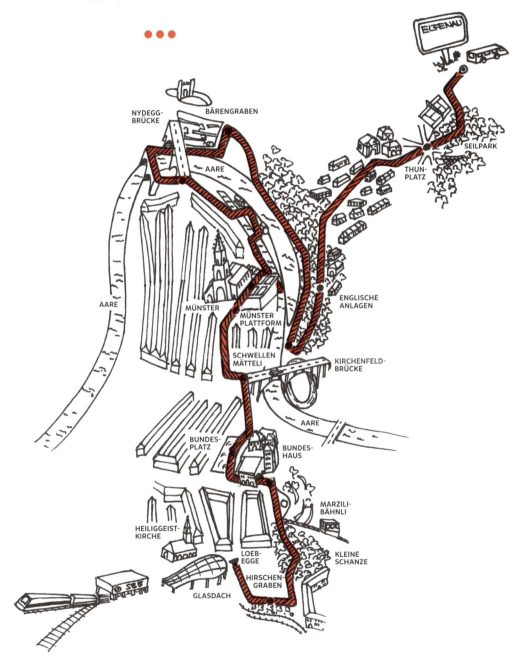

IM HERZEN VON BERN

...

Deine erste Etappe beginnt im Herzen von Bern – beim Loebegge neben dem Hauptbahnhof. Altertümliche Bauten wechseln sich ab mit atemberaubenden Aussichten auf die Aare. Du kommst beim Bundeshaus vorbei, das zum Debattieren einlädt, und gelangst zum Münster, das dich auf eine Zeitreise ins Mittelalter schickt. Du flanierst mit Casanova durch die Matte und erlernst mit ihm die fünfte Landessprache, das Mattenenglisch.

Beim Bärenpark machst du Bekanntschaft mit Meister Petz und seiner Familie. Ein letztes Mal geniesst du die Frische der Aare, bevor du den steilen Weg zu den Englischen Anlagen einschlägst. Zum Schluss präsentiert sich das Kirchenfeldquartier wie eine Vorlesung in Architekturkunde, bevor es zum Etappenziel, der Elfenau, geht.

LOS GEHT'S...

LOEBEGGE ··· MÜNSTERPLATTFORM

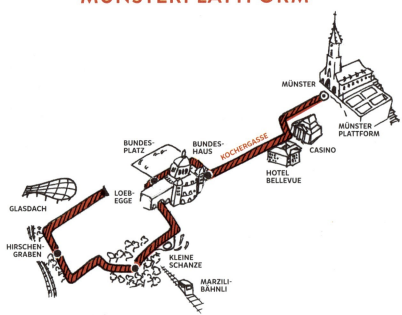

Willst du das Herz von Bern erobern? Schreite los und sei nicht erstaunt, wenn du dich unsterblich in Bern verliebst!

Echte Berner treffen sich beim Loebegge. Auch du als Stadtentdecker startest deine Wanderung an diesem zentralen

Punkt. Der Loebegge befindet sich beim Bahnhofplatz vor dem Haupteingang des gleichnamigen Warenhauses Loeb. Schaust du durch das Baldachin-Glasdach gen Himmel, entdeckst du die Heiliggeistkirche, eine der schönsten Altbarockkirchen der Schweiz. 1228 liess sich hier der «Orden zum Heiligen Geist» nieder, daher auch der Name. Der heutige Neubau stammt aus dem Jahre 1729. Hinter den zahlreichen Bus- und Tram-Perrons erstreckt sich das moderne, gläserne Bahnhofsgebäude.

Marschiere vom Loebegge aus unter dem grossen Glasdach stadtauswärts den Tramgeleisen entlang Richtung Perron M. Bereits nach wenigen Metern beginnt der weitläufige Bubenbergplatz. Zu deiner Rechten befindet sich das Burgerspital. Wirf einen Blick in dessen wunderschönen Innenhof mit dem entzückenden Garten. Früher war dieses prächtige Bauwerk das grösste Spital von Bern. Heute ist es eine frisch renovierte Altersresidenz, die gut betuchten

Bernburgern vorbehalten ist. 2014 soll hier ein neues Begegnungs- und Kulturzentrum einziehen, das Berner GenerationenHaus. Auf dem Platz vor dem Burgerspital, der heute ganz den Autos, Motorrädern und Stadtbussen gehört, befand sich bis ins 19. Jahrhundert die Rossschwemme, ein grosser Wassergraben mit Springbrunnen.

Gehe solange dem Bubenbergplatz entlang, bis du zu einer grösseren Kreuzung kommst. Von links durchdringt dich Adrian von Bubenbergs strenger Blick. Er war Schultheiss von Bern und verteidigte während der Burgunderkriege wacker Murten. Biege links zur bronzenen Statue ab und durchquere den mit Fahrrädern überstellten Platz, den Hirschengraben. Dessen Name ist nicht zufällig gewählt: Bis 1877 befand sich hier ein Graben, in dem Hirsche und andere Tiere gehalten wurden.

Gleich nach dem Widmann-Brunnen geht es links in die Bundesgasse. Sie wird für Staatsempfänge genutzt und deshalb auch als Schweizer Champs-Élysées bezeichnet. Früher, als noch Damen in kurzen Röcken und hohen Absätzen den Strassenrand säumten, war die Bundesgasse auch als Rotlichtstrasse berüchtigt. Bevor du die Kleine Schanze betrittst, biegst du nach rechts in die Schwanengasse ab. Gehe nach wenigen Metern geradeaus in die Taubenstrasse zur grossen Dreifaltigkeitskirche, die sich über einen Besuch von dir freut. Das farbenfrohe Innere der Basilika ist mit schönen Wandmalereien versehen.

Marschiere anschliessend auf der Taubenstrasse weiter und gehe nach links in den Park – die Kleine Schanze. Die Kleine wie auch die Grosse Schanze waren Teil der letzten Stadtbefestigung gegen Westen. Bleibe stehen und lausche! Nichts als Vogelgezwitscher; das Verkehrsgetöse und die damit einhergehende Hektik sind verschwunden. Gönn dir

1

AHA!

«Die Debatte ist eröffnet»

Die Geschichte des Bernerhofs beginnt im 19. Jahrhundert. Mit der Ernennung Berns zur Bundesstadt und dem Erbau des Bundeshauses kam das Bedürfnis nach einem Luxushotel auf. Der Bernerhof wurde bis Anfang des 20. Jahrhunderts weitergeführt, bis die Betreiber während des Ersten Weltkrieges in finanzielle Not gerieten. 1923 wurde das Hotel an den Bund verkauft, der es zum Eidgenössischen Finanzdepartement umfunktionierte. 2004 wurde das Gebäude ein weiteres Mal renoviert. Im Untergeschoss entstanden Räume, in denen nun Staatsoberhäupter oder Könige nach strengem Protokoll dinieren.

einen Rundgang durch die bezaubernde Anlage mit ihrem Ententeich, dem Weltpostdenkmal und dem alten Pavillon. Der Aufstieg auf den kleinen Hügel mit Alpensicht lohnt sich ebenfalls.

Nach einer kleinen Verschnaufpause verlässt du den Park auf der anderen Seite und betrittst die Bundesterrasse, indem du die Plattform des ehemaligen Luxushotels Bernerhof passierst.

Gegenüber dem Marzilibähnli, einer Drahtseilbahn, befindet sich ein kleiner Garten. Darin sind Steine aus allen «Schweizen» der Welt zu finden. Erstaunlich, wie viele es davon gibt! Die Bundesterrasse bietet dir tolle Blicke ins geschichtsträchtige Marziliquartier, auf das imposante historische Museum, die grüne Aare, den Gurten und bei guter Föhnlage sogar auf die Alpen. Für viele Menschen, nicht nur Berner, ist sie die schönste Terrasse der Schweiz. Spätestens jetzt merkst du: Bern tut einfach gut!

Weiter geht es entlang der Bundesterrasse, vorbei an Schachfeldern, die dich zu einem Spiel einladen. Mit ein wenig Glück begegnest du hier dem einen oder anderen Parlamentarier oder gar einem Bundesrat. Und dies – eine Selbstverständlichkeit in der Schweiz – ganz ohne Bodyguards. Die wichtigste Rolle an diesem Ort nimmt jedoch das Bundeshaus ein. Imposant präsentiert es sich mit seiner grossen, grünen Kuppel. Schau genauer hin und du findest die Wappen aller 26 Kantone der Schweiz. Wann immer auf dem Gebäude die Fahnen wehen, tagt das Parlament. An welch anderes Parlamentsgebäude der Welt kannst du so nahe herantreten und sogar dessen Mauern berühren, ohne gleich verhaftet zu werden? Gehe links durch den Torbogen des Bundeshauses. Schon bist du auf dem Bundesplatz.

Mache einen kleinen Abstecher zum angrenzenden Bärenplatz mit den sonnigen Cafés und Restaurants.

AHA!
Planschen mit den Bundesräten

Auf die Ernennung der Stadt Bern zur Bundesstadt im Jahre 1848 folgte der Bau des Bundeshauses. Heute ist dieses eines der bedeutendsten historischen Bauwerke des Landes. Es ist stolze 300 Meter lang und besteht aus einem West- und einem Ostflügel. Der Bundesplatz wurde 2004 komplett neugestaltet. Eine besondere Attraktion bilden die zahlreichen Fontänen mit dem Wasserspiel, die den Platz an heissen Tagen in eine regelrechte «Badi» verwandeln. Der Umbau unter dem Namen «Platz als Platz» wurde auf internationaler Ebene mit dem Honor Award for Urban Design ausgezeichnet.

> TIPP
> ## Restaurant Entrecôte Fédérale – entre Connaisseurs
> Essen und geniessen am schönsten Ort in ganz Bern: vis-à-vis dem Bundeshaus. Das Entrecôte Fédérale empfängt dich in einer zauberhaften und lebhaften Atmosphäre. Die kulinarische Perfektion wird gekrönt durch ein phänomenales Ambiente der Gastfreundschaft. Ob ein Glas Spitzenwein auf der Terrasse oder ein gastronomisches Erlebnis im Inneren – hier fühlt sich jeder wahre «Connaisseur» zu Hause.
> Tel. +41 31 311 16 24

Gehe zurück auf den Bundesplatz und folge dem Bundeshaus links in die Kochergasse. Schon bald kommst du am Hotel Bellevue Palace vorbei. Es ist das bekannteste und traditionsreichste Luxushotel in Bern. Die ständig anwesenden Sicherheitskräfte untermalen dies nur zu gut. Wage dennoch einen Blick in die stilvolle Hotellobby und den schönen Palmengarten.

Wenige Schritte weiter erreichst du den Casinoplatz. Gleich hinter dem Platz erhebt sich das renommierte Kultur Casino Bern. Dieses spätbarocke Gebäude des Klassizismus bietet Platz für viele kulturelle Veranstaltungen und ist der Hauptsitz des Berner Symphonieorchesters.

Rolf Blaser, Leiter Bundeshaus-Radio: *«Mit Christoph Blocher hatte ich einen Interviewtermin seit Wochen vereinbart. Das Interview sollte während der Frühjahrssession im Bundeshaus stattfinden. Am Abend zuvor wurde der SC Bern im eigenen Stadion Schweizer Meister. Als Fan kam ich nach durchfeierter Nacht erst frühmorgens nach Hause. Duschen, frühstücken und nochmals duschen. Ziemlich verkatert erschien ich dann pünktlich zum Interview im Bundeshaus. Christoph Blocher bekam von meinem Zustand nichts mit. Für einmal war ich sehr dankbar über die Redseligkeit von Politikern.*

Überquere den Platz und gehe auf der Hotelgasse ganz kurz weiter geradeaus, um anschliessend nach rechts in die Münstergasse abzubiegen. Hier kannst du die Atmosphäre des mittelalterlichen Berns zum ersten Mal so richtig spüren und fühlen.

Schaue nach links und suche den herausstehenden Erker, der von einem Narren getragen wird. Er gehört zum May-Haus, das zu Beginn des 16. Jahrhunderts von Bartholome May, dem damals reichsten Berner, erbaut wurde. Das Gebäude

illustriert sehr gut den Übergang von der Spätgotik zur Renaissance und lässt das Herz eines jeden Architektur- und Kunstgeschichtefreunds höherschlagen.

Etwas weiter unten, ungefähr auf der Höhe der Hausnummer 39, wirst du mit einem deftigen Spritzer Wasser bestraft. Diese Spielerei wurde von Luciano Andreani erschaffen – ganz im Sinne eines kleinen Bubenstreichs. Im 12-Sekunden-Takt beschert sie den Passanten eine Erfrischung der anderen Art. Ziemlich frech, nicht wahr? ⓦ

Gegen Ende der Gasse erreichst du den Münsterplatz mit dem in den Himmel ragenden Berner Münster. Der Aufstieg zu dessen Aussichtsplattform in der engen und schier endlos scheinenden Wendeltreppe ist ein Erlebnis für sich. Schritt für Schritt überwindest du 312 Stufen und erreichst schliesslich die erste Plattform. Die Belohnung für diese Anstrengung ist eine atemberaubende Aussicht auf weite Teile der Stadt.

AHA!
Bern hat den Grössten
Das mittelalterliche Münster mit seinen gotischen Ecken und Spitzen wirkt imposant und lässt dich ehrfürchtig staunen. Die geleistete Feinarbeit wird insbesondere durch die unzähligen Simse und Türmchen in aller Deutlichkeit erkennbar. Die minutiös gefertigte Eintrittspforte illustriert Himmel und Hölle, ganz der damaligen Weltanschauung entsprechend. Das Innere dominieren die barocke Orgel und die farbigen Fenster. Wegen den ständigen Sanierungen haben nur wenige Zeitgenossen das unverhüllte Münster je zu Gesicht bekommen.

MÜNSTERPLATTFORM ··· SCHWELLENMÄTTELI

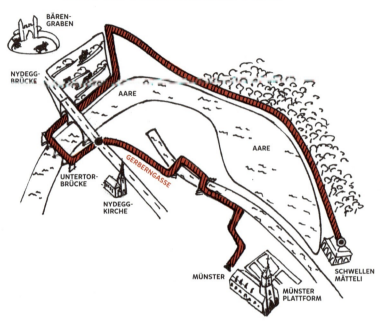

AHA!
Vom Friedhof zum friedlichen Hof

Jedermann liebt es, auf der Münsterplattform zu verweilen, doch kaum einer weiss, dass er sich hier über einer ehemaligen Grabstätte befindet. Nicht nur Menschen lagen hier begraben, auch Dutzende spätgotische Steinskulpturen wie Heiligenstatuen wurden 1986 bei den Grabungsarbeiten anlässlich der Neugestaltung der Münsterplattform geborgen. Sie fielen 1528 dem legendären Bildersturm zum Opfer.

Trete auf der rechten Seite des Münsters durch das eiserne Tor, um auf die Münsterplattform zu gelangen. Die vielen alten Rosskastanienbäume spenden Schatten an heissen Tagen und sorgen für eine höfische Atmosphäre. Die Terrasse ist mit Sandsteinbalustraden verziert und wird zur Aare hin von zwei Eckpavillons flankiert. Der schwindelerregende Blick von der Münsterplattform ins Mattequartier hinab ist einfach berauschend.

Neben dem Restaurant befindet sich der Mattenlift, von den Bernern liebevoll «Sänkutram» genannt. Der elektrische Personenaufzug führt hinunter ins Mattequartier und gilt als die steilste Tramlinie der Welt. Du gehst jedoch zu Fuss weiter und verlässt die Plattform durch das eiserne Tor, das am hinteren Ende des Münsters liegt. Unmittelbar daneben geht es über die düsteren Holztreppen ins sagenumwobene Mattequartier zu den Ureinwohnern von Bern.

Ursula, 50, Stadtführerin: *«Bern hat Tausende von spannenden Geschichten und Sagen, die meine Gäste immer wieder zum Staunen und Schmunzeln bringen. Mein Herz klopft aber besonders bei unseren Geisterführungen. Bei der Mattentreppe erzähle ich meinen Zuhörern die Geschichte der Dienstmagd aus der Matte, dem Armenquartier. Sie wurde dazumal von einem reichen Patrizier aus der Junkerngasse geschwängert und, wie es damals üblich war, verstossen. Ganz gespannt kleben die Teilnehmer an meinen Lippen, wenn sie vernehmen, dass jene Magd sich mutwillig die Mattentreppe hinunter in den Tod gestürzt hat. Ich spüre förmlich, wie der Puls steigt, und ergötze mich jedes Mal an den offen gebliebenen Mündern, wenn ich den Gästen beibringe, dass die Seele der unglücklichen Magd noch heute bei der Treppe herumgeistert.»*

1

AHA!
Eine eigene kleine Welt

Heute sind viele der Meinung, die Matte sei das schönste Dorf der Welt. Dies war aber nicht immer so: Zur Zeit Napoleons galt sie als das schwarze Quartier. Denn die Matte war früher vor allem für ihre als Badehäuser getarnten Bordelle bekannt, in denen sogar Giacomo Casanova verkehrte. Das einst ärmliche Handwerker-Quartier wurde damals überwiegend von Fischern, Flössern und Fuhrleuten bewohnt, die durch ihre verschiedenen Sprachausdrücke zur Entstehung des Mattenenglisch beigetragen haben. Heute residieren im Mattequartier primär Architekten, Studenten und Freidenker.

Hier unten in der Matte triffst du noch Personen an, die der fünften Landessprache der Schweiz mächtig sind, dem Mattenenglisch. Sollte dir jemand «Tunz mer e Ligu Lehm» zurufen, kannst du entspannt bleiben, denn er bittet dich lediglich um ein Stück Brot. Die bekannten Begriffe «Modi» für Mädchen und «Giu» für Junge stammen ebenfalls aus dem Mattenenglisch. 🅆

Folge der Badgasse nach links und gehe dann nach rechts zur Hauptstrasse. Zum Glück wurde hier vor einigen Jahren die Sperrung des Durchgangsverkehrs veranlasst, was zur Ruhe im Quartier beiträgt. Dein Weg führt dich nach links der Schifflaube entlang, bis du bei der ersten Brücke hinüber in die Wasserwerkgasse gehen kannst. Vom Flussufer aus hast du eine einmalige Aussicht auf die Aare. Früher, als viele Händler und Reisende per Wasserweg nach Bern kamen, befand sich hier eine grosse Schiffsanlegestelle.

1

Res Margot, Bewohner der Matte und Musiker: «Mätteler schreiben ihre Geschichten nicht auf! Sie erleben und erzählen sie. So will auch ich es tun: Wer hat wohl das Gold an der Schifflaube 34 vergraben und wo? Liegt es hier seit der Zeit der Kelten oder war es doch der berühmte Goldschmied Georg Rehfuss? Könnten es sogar die steinreichen Patrizier aus der Junkerngasse gewesen sein, die ihr Gold vor Napoleon versteckten? An der genannten Adresse ist nur eine Plakette in Mattenenglisch zu finden: «lehe ische ds Issfe itme ide ludge-Icklischte idne irve-ibeggre». Dies heisst soviel wie, dass das Fass mit den Geldstückchen nicht hier vergraben ist – und so suche ich noch immer nach der Antwort auf das Rätsel!»

Gehe der Wasserwerkgasse entlang und biege bei der ersten Gelegenheit links zum Mühleplatz ab. Laufe am Ende des Platzes nach rechts der Gerberngasse entlang, bis dir auf der rechten Seite ein einzelnes Häuschen mit rotschwarzer Tür und Fensterläden auffällt. Dieses kleine Waschhaus, genannt Wöschhüsi, ist das Wahrzeichen des Mattequartiers. Schon vor Jahrzehnten schrubbten sich hier Hausfrauen die Hände wund. Die Emanzipation der Frau und nicht zuletzt die Erfindung der Waschmaschine haben dazu geführt, dass die grossen Zuber von hier verschwanden.

Gehe weiter der Gerberngasse entlang. Schön, wenn die Dinge einfach und logisch sind: Zahlreiche Gerber übten damals in dieser Gasse ihren Beruf aus und gaben ihr so den Namen. Blickst du geradeaus, springen dir die eindrücklich grossen Steinbögen der Nydeggbrücke ins Auge. Mit ihrem gespannten Hauptbogen von 46 Metern war sie bis Ende des 19. Jahrhunderts die grösste Brücke ihrer Art auf dem europäischen Festland.

Kurz vor der Brücke gehst du links die steile Nydeggtreppe hinauf. Keine Angst, du brauchst die Stufen nicht zu zählen – es sind genau 157. Leider macht das blosse Wissen über die Anzahl der Stufen den Aufstieg nicht leichter, dafür aber umso mehr zum Erlebnis. So empfindest du den Alltag eines echten Berner Altstadteinwohners nach! Hast du es endlich nach oben geschafft, erstrahlt sie vor dir: die Nydeggbrücke. Gehe bis in die Brückenmitte, von wo aus du den Bärenpark, die Aare und Teile der Altstadt betrachten und gleichzeitig deinen Lungen eine Erholung gönnen kannst.

Links am Aarehang erkennst du sieben spezielle, einzelne Häuser. Sie symbolisieren die Schweizer Bundesräte mit dem Präsidenten in der Mitte. Ganz nach schweizerischer Art – diskret und nie zu aufdringlich strahlen sie dir entgegen. Sobald du die Aussicht genügend ausgekostet hast, gehst du zurück zum Anfang der Brücke und gehst diesmal über die Treppen auf der rechten Seite hinunter zur Nydeggkirche. Gleich daneben beginnt die Burgtreppe, über die du erneut ins Mattequartier gelangst. Diesmal lassen wir dich die Stufen zählen – schliesslich wollen wir dir nicht den ganzen Spass verderben.

Unten angekommen, darfst du auf keinen Fall den auf der anderen Strassenseite liegenden Abstieg zum alten Ländtetor verpassen. Dieses war Teil der alten Nydeggburg, die einst der einzige

Zugang zur unteren Stadt war. Nach dem magischen Blick auf die Aare gehst du auf der Mattenenge nach oben bis zum Läuferplatz, von wo aus du die Untertorbrücke erkennst.

Die Untertorbrücke ist eine der ältesten Steinbrücken der Schweiz. Sie war der erste feste Aareübergang der Stadt Bern. Früher war die Brücke Teil der Stadtbefestigung. Mittlerweile wurde sie aber zu einem Wohnhaus umgebaut. Es ist einer der schönsten Flecken von Bern, auf dem es sich ganz sicher gut leben lässt. Überquere die Brücke und biege vor dem grossen Parkplatz rechts ab, um den Klösterlistutz bergauf zu gehen. Bereits nach wenigen Metern folgst du rechts dem Wanderwegschild Richtung Schwellenmätteli.

1

> **TIPP**
>
> ## Klösterli Weincafé – das Bijou am Klösterlistutz
>
> Abgeschirmt von der Hektik des Alltags, fühlst du dich auf der schönen Terrasse des Klösterlis ganz einfach wohl und zufrieden. Ein perfekter Kaffee, ein Glas Wein, begleitet von exquisiten Speisen oder raffinierten Desserts, bringen den Augenblick zur Perfektion. Das Klösterli bietet dir ein spannendes Sortiment an rund hundert Weinen. Die edlen Tropfen aus der Schweiz und Europa werden aus einem imposanten, vier Meter hohen Regal aus Räuchereiche und Rohstahl gereicht. Die kompetenten und freundlichen Mitarbeiter sorgen dafür, dass du das Klösterli mit einem Lächeln verlässt und dich bereits auf den nächsten Besuch freust. Zum Essen unbedingt reservieren!
> Tel. +41 31 350 10 00

Dein Weg führt zwischen dem Restaurant und der Mahogany Hall durch. Bei den Bauarbeiten für dieses Veranstaltungsgebäude wurden Gräber des Siechenfriedhofs von 1528 sowie Gräber des Stadtfriedhofs aus der Mitte des 18. Jahrhunderts freigelegt. Wie erstaunt man wohl wäre, wenn man wüsste, wie oft man unbewusst über ehemalige Friedhöfe geht. Neben der Mahogany Hall liegt eine Tropfsteinhöhle, die Teil der historischen Abwasserkanäle von Bern ist. *w*

Der von dir eingeschlagene Weg unterquert die Nydeggbrücke und bringt dich der Aare entlang am neuen Bärenpark vorbei. Gleich nach dem Gehege nimmst du links die steile Treppe. Nimm dir Zeit, den alten Bärengraben zu entdecken. Ab 1856 tollten darin die Bären und begeisterten Tausende von Menschen. Erst 2009 zogen die Berner Wappentiere an den Hang neben der Aare um. Dieser bietet Herrn und Frau Petz Auslauf- und Spielmöglichkeiten auf über 6000 Quadratmetern.

Vorsicht, wenn du mit «Stögelischuhen» unterwegs bist, riskierst du stecken zu bleiben, denn in den Pflastersteinen am Boden sind Namen eingraviert. Das ist eine kleine Anspielung auf Hollywood, nur dass es sich hier weder um Sternchen noch um Stars handelt, sondern um die Sponsoren des neuen Bärenparks.

AHA!
Lebende Stadtsymbole

Weshalb es zu einem Bärengraben und nicht etwa einem Hasengraben gekommen ist und auch, weshalb die Stadt den Namen Bern trägt, erfahren wir in der Überlieferung aus der damaligen Zeit. So soll Herzog Berthold persönlich bestimmt haben, das erste erlegte Tier solle der Stadt ihren Namen geben. Und so wurde ein Bär Namensgeber und gleichzeitig Stadtsymbol. Bereits 1480 gab es den ersten Bärengraben, damals noch beim Käfigturm.

Hinter dem Bärengraben befindet sich das alte Tramdepot. Dieses Gebäude hat eine sehr bewegte Geschichte. Vom ursprünglichen Tramdepot wurde es zu einer Garage umdisponiert. Später diente es als Requisitenlager des Stadttheaters, um letzten Endes die heutige Form einer Gaststätte anzunehmen.

Nach dem kleinen Intermezzo beim Bärengraben marschierst du wieder hinunter zum Fluss. Dieses Mal nimmst du den weniger steilen Wanderweg gleich neben der Treppe, über die du hochgekommen bist. Bald wird es wäldlicher und du folgst einem Kiesweg der Aare entlang. Wenn es kein Hochwasser hat, kannst du direkt neben dem Fluss einen ganz schmalen Pfad begehen, der dich flussaufwärts führt.

Ein weiteres Mal hast du eine unglaubliche Aussicht aufs Münster und die Altstadt. Schreite immerzu fort und du erreichst nach einer guten Weile das Schwellenmätteli. Gehe rechts zum gleichnamigen Restaurant und verpasse dabei nicht die Gelegenheit, auf den kleinen Steg hinauszugehen. Der Blick ins tosende Wasser ist faszinierend, wenn auch ein wenig beängstigend.

TIPP
Schwellenmätteli – lasse dich von der Stimmung mitreissen

Die drei Gebäude der Schwellenmätteli Restaurants liegen direkt am Aareufer und verleihen dir den Eindruck, auf einer Insel zu sein. Speisen an der Berner Riviera bedeutet, die einzigartige Umgebung von Wasser und Wald zu geniessen. Das Restaurant Terrasse versetzt in Ferienstimmung, während einem das Ristorante Casa die Esskultur Italiens ein Stück näherbringt. Und die Event Lounge trumpft mit ausserordentlicher Architektur auf und bietet Platz für Veranstaltungen jeder Art. Die Symbiose der drei Lokalitäten ergibt ein Gastronomiekonzept der Spitzenklasse.

SCHWELLENMÄTTELI ··· ELFENAU

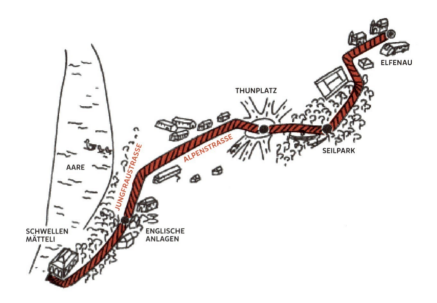

Vor dem Sportplatz findest du ein Wanderwegzeichen Richtung Helvetiaplatz. Folge ihm bis zur ersten starken Kurve, wo du den Wanderweg verlässt und dem Waldweg geradeaus folgst. Drehe dich während dem Aufstieg um: Du hast von hier aus einen sehr guten Ausblick auf die imposanten Torbögen der Kirchenfeldbrücke, die je 87 Meter breit und 37 Meter hoch sind. Das Gesamtgewicht des Eisenwerks beträgt sagenhafte 1'344'000 Kilogramm.

Oben gelangst du auf eine ruhige Strasse, die Englischen Anlagen. Sie ist der Inbegriff der Symbiose von Natur und Urbanität: Von Bäumen gesäumt, grenzt sie sowohl an einen Hang als auch an die eigentliche Stadt. Folge der Strasse weiter geradeaus. Auf deinem Weg durch die grüne Allee siehst du am anderen Ufer das Münster und andere Altstadtbauten – es fehlen nur noch die promenierenden Engländer mit Zylinder und Regenschirm. Am Ende der Strasse, nach dem Glasgebäude, gelangst du auf die Jungfraustrasse. Folge ihr, bis du links in die Alpenstrasse abzweigen kannst. Folge dieser eine ganze Weile, bis du an der israelischen Botschaft vorbeikommst.

Stopp! Nur keine Bange, es sieht gefährlicher aus als es ist. Die Botschaft wird aus politischen Gründen streng bewacht; für Städtewanderer ist es ungefährlich und du kannst in der Regel problemlos durch das Botschaftsareal gehen.

Gleich nach der israelischen Botschaft biegst du rechts in die Seminarstrasse ein. So landest du auf dem Thunplatz, einem Verkehrsknotenpunkt der Stadt.

Auf der gegenüberliegenden Strassenseite siehst du neben der Bushaltestelle ein paar Bäume, die dir die Richtung weisen. Hier befindet sich der Seilpark Bern.

> TIPP
> ### Seilpark – Wanderer, ergreife die Liane
> **Willst du wie Tarzan von Baum zu Baum schwingen? Der Seilpark ermöglicht dir genau das und garantiert Spass für Gross und Klein. Sieben unterschiedliche Parcours führen in Höhen von bis zu 23 Metern durch die Baumkronen und bieten dir einen entsprechenden Nervenkitzel. Hängebrücken und Seilbahnen führen über rund 120 Plattformen, und mit ungefähr 3000 Metern Aktivstrecke gehört der Seilpark Bern zu den Grössten in der Schweiz.**

Nach dem Park verzweigt sich der Weg in drei kleine Pfade. Du wählst den linken, der dich vorbei an sandroten Sportplätzen bis zum Kalcheggweg führt. Hier biegst du links ab, aber nur bis zur Brunnadernstrasse, wo du erneut rechts abzweigst. Du hast nun die Elfenau erreicht, ein ruhiges und familiäres Quartier in Bern. Nach wenigen Metern erreichst du die Busstation Willadingweg – dein Etappenziel.

Du hast es geschafft! Es erwarten dich neun weitere abwechslungsreiche und unglaubliche Etappen durch das spannende Bern. Mit jedem Schritt wirst du neue und faszinierende Tatsachen entdecken und dich noch mehr in die Schweizer Bundesstadt verlieben.

TIPP

Bern Tourismus – auf den Spuren von Casanova

Hast du Lust auf mehr? Möchtest du die Altstadt oder die Matte auf anderen Pfaden entdecken und viele weitere interessante Geschichten erfahren? Dann gönn dir doch eine Stadtführung von Bern Tourismus. Auf der spannenden «Treppen- und Mattenführung» erfährst du, was die Worte Casanova, Schokolade oder Gold mit der Matte zu tun haben. Ebenso ist die neuste Themenführung «Hasefritz u Matten-Edi», die sich dem Kinderbuch von Ursula Meier Nobs widmet, ein echtes Erlebnis. Auf ihr folgst du den Spuren und Abenteuern des zum Leben erwachten Plüschhasen und seinem struppigen Hundefreund.

Etappe 2
...

Alternativ, **gemütlich**, etwas **langsam** – das sind **Eigenschaften**, die mit der Beamtenstadt Bern assoziiert werden. Mit **Kultur und Architektur** wird sie selten in Verbindung gebracht – zu Unrecht! Bern ist an jeder Ecke mit **kulturellen Köstlichkeiten** gespickt, die darauf warten, **entdeckt** zu werden.

DIE WANDERVOLLE ROUTE

START
Elfenau, Busstation Willadingweg, Buslinie 19

ZIEL
Kleinwabern, Postauto 340

DISTANZ
11 km

GUT ZU WISSEN
Zahlreiche Badegelegenheiten in der Aare,
Zeit für Tierpark und Museen einberechnen,
Achtung: Postauto 340 fährt stündlich

HÖHEPUNKTE

Campagne Elfenau – Berns Blumenquelle
Tierpark Dählhölzli – animalisches Vergnügen
Helvetiaplatz – Geschichte einmal anders erleben
Marzilibähnli – der Beamtenexpress
Dampfzentrale – Kultur- und Gastronomiezentrum
METAS – hier wird die Zeit erfunden
Kleinwabern – am Fusse des Gurtens
Kirchenfeldquartier – Geschichtsstunde in Architektur

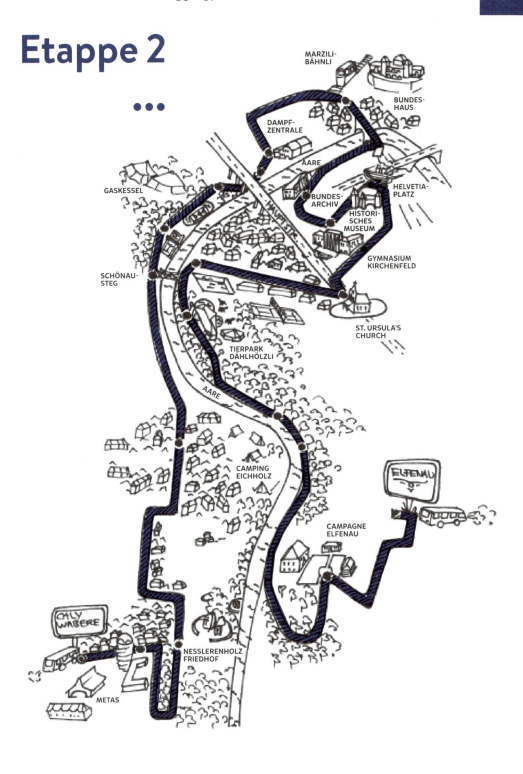

KULTUR, KULT UND KUH

...

Die zweite Etappe ist ein raffiniertes Rezept aus urbanen und natürlichen Zutaten. Zu Beginn entdeckst du das zauberhafte Elfenauquartier und flanierst der flüsternden Aare entlang. Gleich danach wird es wild, denn du begegnest im Tierpark Dählhölzli unzähligen Tierarten. Weiter geht es durch das luxuriöse, mit Villen und Botschaften übersäte Kirchenfeldquartier. Der Abstieg über den Dalmazirain hinab zur Aarepromenade gewährt dir einen unglaublichen Blick aufs Bundeshaus.

Nach einer kurzen Exkursion zum Marzilibähnli und zur Dampfzentrale, beides Kulturgüter der Stadt Bern, führt dich der Pfad durch Wabern. Am Ende hast du die Möglichkeit, das nationale Metrologieinstitut zu besuchen, bevor du dein Etappenziel Kleinwabern erreichst.

LOS GEHT'S...

ELFENAU ⋯ TIERPARK DÄHLHÖLZLI

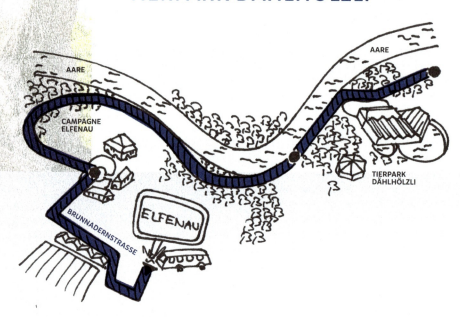

Weckt Bern deinen Wissenshunger? Wandere los und sättige ihn mit historischen, spannenden und unglaublichen Leckerbissen.

Die zweite Etappe beginnt bei der Busstation Willadingweg, inmitten des beschaulichen Elfenauquartiers. Herrliche Villen und Gutshäuser, die auf Geländekanten über der Aare thronen, prägen das Bild dieses vornehmen Viertels.

Von der Busstation aus gehst du in Fahrtrichtung der Brunnadernstrasse entlang, bis du links in den Elfenauweg abbiegen kannst. Schon nach ein paar Metern, noch vor der nächsten Querstrasse, erscheint zu deiner Rechten der Eingang zum Elfenaupark – einem Wohn-, Kultur- und Dienstleistungspark. Nur keine Hemmungen, die Anwohner der Alterssiedlung werden dich schon nicht beissen. Der Fussweg begleitet dich durch eine kleine Oase mit Riegelhäusern und «Sitzbänkli» zum Entspannen und Geniessen.

Die Träumerei wird erst gestört, wenn du die Anlage am anderen Ende über den Kistlerweg verlässt. Diese Strasse scheint auf den ersten Blick nichts Besonderes zu sein, doch die gegenüberliegende Hausnummer 6 war die letzte Wohnadresse von Paul Klee. Gehe nach rechts, bis du erneut auf die Brunnadernstrasse triffst. Du folgst ihr links stadtauswärts bis an ihr Ende. Bei der Kurve verlässt du das Quartier endgültig und biegst rechts in den kleinen Pfad ab. Schon bald findest du zu deiner Rechten einen Garten mit liebevoll gezüchteten Zierpflanzen aus aller Welt. Nur wenige Schritte weiter winkt links ein moderner Spielplatz, der die Spielfreude eines jeden Städtewanderers weckt. Auf der rechten Seite nach den Blumenbeeten erwartet dich ein Erlebnis der besonderen Art: Ziehe die Wanderschuhe aus und verwöhne deine Füsse. Der speziell angefertigte Fuss-Parcours stimuliert deine Sinne und gibt dir Kraft für den Rest der Etappe.

Hast du genug betrachtet, gespielt und entspannt, führt dich die Route geradeaus hinunter zur **Campagne Elfenau** mit der Orangerie. Hier kommen gleich drei unglaubliche Erlebnisse auf dich zu:

AHA!
Kraftort einer russischen Grossfürstin

Die Geschichte der Elfenau reicht bis ins Mittelalter zurück. Bereits 1285 wurde das Gebiet zum ersten Mal unter dem Namen Klostergut Brunnadern erwähnt. Ihr heutiges individuelles Antlitz verdankt sie einer russischen Grossfürstin. Anna Feodorowna erwarb das Land 1814 und liess das Gut im Empirestil umbauen. Später integrierte sie einen Englischen Garten und benannte es in Campagne Elfenau um.

die charmante Campagne, die Gärtnerei und ein toller Aussichtshügel. In der idyllischen Campagne scheint die Zeit stillzustehen. Das Blumenfeld mit dem einsamen Brunnen, dem sonnigen Café, dem über 200-jährigen Schnurbaum und vor allem der ruhigen und entspannenden Atmosphäre lädt zum Dolcefarniente ein – ganz nach dem Motto «gekommen, um zu bleiben». ⓦ

Auch die schönste Rast hat mal ein Ende: Gehe links auf den kleinen Aussichtshügel hinauf. Von hier aus zeigt sich dir der Gurten in seiner ganzen Pracht – ein kleiner Vorgeschmack auf die nächste Etappe. Wenn du den Hügel wieder hinuntergehst, siehst du auf der linken Seite eine Reihe Treibhäuser. Sie sind der Geburtsort vieler Blumen und anderer Pflanzen, die die über 130 öffentlichen Parkanlagen, 640 Grünflächen und 89 Spielplätze von Bern schmücken. Im Frühjahr 2014 wurde die Anlage komplett renoviert und neugestaltet.

2

Gehe an der Gärtnerei vorbei, bis du den Waldrand erreichst und folge dem Wanderweg Richtung Tierpark. Du tauchst ab in eine bezaubernde Moor- und Auenlandschaft. Sei nicht erstaunt, wenn du hier eine echte Elfe antriffst. Die seichten Seitenarme der Aare und die unberührte Landschaft prägen die Atmosphäre an diesem romantischen Fleck. Ob Vogelgezwitscher im Frühling, dürre Äste im Sommer, bunte Blätter im Herbst oder zu Eis erstarrte Natur im Winter – dieser Ort strahlt zu jeder Jahreszeit Faszination und Reinheit aus. Setze dich ruhig hin und geniesse den Moment.

Sobald du das Flussufer erreichst, folgst du dem Wanderweg Richtung Tierpark. In den Sommermonaten tuckern hier Hunderte von Schlauchbooten die Aare hinunter. Eine immer grössere Zahl von Aarefreaks lässt sich von Thun nach Bern gemütlich auf dem Wasser treiben. Zeitweise ist die Aare so überladen, dass man von Boot zu Boot hüpfen und so ans andere Ufer gelangen könnte.

Bei niedrigem Wasserstand kannst du zum Ufer hinuntersteigen und der Aare auf Augenhöhe entlanggehen. Für die Wagemutigen, die sich ins kalte Wasser trauen, sind in regelmässigen Abschnitten Einstiege angebracht.

Bei der ersten grösseren Kurve kannst du einen Blick in das gegenüberliegende Gelände des Campings Eichholz werfen. Eine Naturoase inmitten der Stadt, um zu spielen, plegern und «bädle». Nur selten wird es hier laut, dann aber richtig: Wenn ein Flugzeug im Landeanflug ins Belpmoos über das Reservat knattert, haben die Frösche Stress. Sie verwechseln das Fluggeräusch mit dem Quaken eines starken Konkurrenten. Sie quaken was das Zeug hält, um ebenso stark zu wirken. ⓦ

Bald darauf erscheinen die ersten Gehege des Tierparks; dir begegnen vermehrt Spaziergänger. Die attraktive Lage direkt an der grünen Aare und das spannende Angebot machen den Tiergarten zu einem der beliebtesten Ausflugsorte der Berner. Die Kehrseite der Medaille sind die vielen Menschen.
Nicht selten fühlt man sich hier wie bei einem Einkaufsbummel am Samstag kurz vor Ladenschluss.

Während du dich Schritt für Schritt durch den Tumult kämpfst, erscheinen Gehege mit Steinböcken und Gämsen. Faszinierend, wie leichtfüssig die Tiere die Felsen hochklettern. Bist du auch so gut zu Fuss?

Von den Bergen geht es nun langsam zu Seen und Flüssen und du kommst an Wasserlandschaften mit Bibern und Fischottern vorbei. Speziell montierte Fernrohre erlauben tiefe Einblicke in ihre Welten. Vor den ersten Wassergehegen und dem Brunnen gabelt sich der

Weg in drei Richtungen; eine Treppe führt dich hinauf in den Wald. Oben angekommen, gehst du nach links dem Hang entlang und folgst dem Waldpfad, bis er in den Tierparkweg mündet. Ab hier sind es nur noch wenige Schritte nach rechts bis zum Haupteingang des Tierparks. Gehe unbedingt in den Vorhof, um die rosaroten Flamingos zu betrachten. Schaffst du es, länger auf einem Bein zu stehen als einer der Vögel? Wage den Eintritt in das exotische Vivarium. Gehe zurück auf den Tierparkweg und biege nach rechts ab. Unter dem Schatten der Bäume peilst du langsam, aber sicher die Aare an. ⓦ

Bernd Schildger, Tierparkdirektor: *«Weltbekannte Zoos haben weisse Tiger, grosse Elefanten, springende Delphine oder glubschäugige Giraffen und natürlich jede Menge Shops und Snackbuden. Wir in Bern haben «mehr Platz für weniger Tiere» und Zeit. Unsere Tierparkgäste dürfen sich bei uns verlieren, oder besser zu sich selbst finden. Beim Suchen und Erleben der vorsichtigen Wölfe, der grummeligen Moschusochsen oder der eigentümlichen Papageitaucher, die weder Papagei noch Taucher sind, vergessen die Menschen die Zeit und finden zu sich. Bern hat einen Tierpark für Menschen.»*

TIERPARK DÄHLHÖLZLI ⋯ SCHÖNAUSTEG

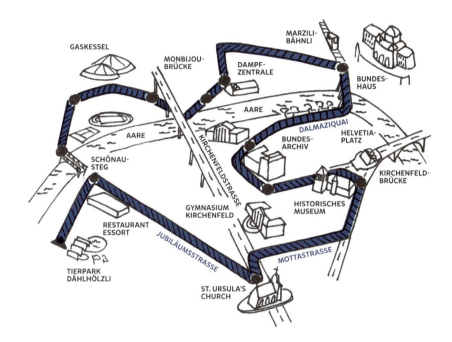

Beim Parkplatz biegst du rechts ab und folgst den Gehegen. Nach einer Weile siehst du auf der linken Seite den Schönausteg, den du später in der Etappe auf der anderen Seite antreffen wirst. Zische am Steg vorbei und biege nach etwa 50 Metern nach rechts in die Jubiläumsstrasse ab. Das erste Gebäude rechts ist das Restaurant Essort – nur zu, diese Erholung hast du dir mehr als verdient!

> **TIPP**
>
> ## Restaurant Essort – die Seele baumeln lassen
>
> Trete ein und lasse dich von Beginn an verzaubern. Herzlich wirst du empfangen und zum stilvoll dekorierten Tisch begleitet – schon fühlst du dich wohl. Das harmonische Ambiente sowie die moderne, offene Küche zeugen von höchster Leidenschaft für Gastronomie. Kulinarisch gesehen wird hier die Kunst des Einfachen gepflegt: Eine kreative Karte, frische Zutaten und die Meisterhände der Köche verwandeln dein Essen in eine Reise für die Sinne. Raffinierte vegetarische Gerichte für jedermann sowie hausgemachte Sorbets und Glacen auf der ruhigen Terrasse runden den Besuch im Restaurant Essort ab.

Gesättigt von der kulinarischen Reise geht es weiter nach oben, der Jubiläumsstrasse entlang. Das Bild dieser vornehmen Strasse wird von schönen Patrizierhäusern geprägt und überzeugt durch Ruhe und Stil. Am Ende des Hangs erreichst du die kleine St Ursula's Church, eine untypische Kirche für die Schweiz. Mit ihrer speziellen Architektur würde man sie eher in einer amerikanischen «Suburb» erwarten. Sie hat nur 100 Sitzplätze und führt gelegentlich anglikanische Gottesdienste durch. Vielleicht hast du Glück und hörst die lauten Stimmen des Gospelchors, der gerade die Messe mit «Oh happy day» einläutet.

Neben der Kirche befindet sich die viel befahrene Kirchenfeldstrasse – das Kernstück des Kirchenfeldquartiers. Spürst du den Reichtum und die Macht? Willkommen im noblen «Chilefäud».

Die Kirchenfeldstrasse ist eine wichtige Verkehrsachse. Um der Hektik zu entfliehen, überquerst du sie und folgst ihr nach links bis zur Kreuzung Mottastrasse. Hier ist es viel ruhiger; du kannst dich erneut der Schönheit Berns widmen. Weit vorne ragt der Münsterturm in die Höhe und weist dir den Weg. Nach der Kreuzung Hallwylstrasse gehst du geradeaus und entdeckst zu deiner Linken die Vinothek Mille Vins.

AHA!
Wo die Patrizier wohnen

Das vornehme Kirchenfeldquartier entstand gegen Ende des 19. Jahrhunderts. Dank der Eröffnung der Kirchenfeldbrücke wurde es 1883 mit der Innenstadt vernetzt. Das Verbot, Fabriken zu erbauen, sowie die vom Bezirkskomitee künstlich hoch gehaltenen Preise führten zu einem elitären Quartier für die Oberschicht. Noch heute wird das Bild des Kirchenfelds von Villen, Botschaften und Museen geprägt. Es ist erstaunlich, wie idyllisch und ruhig ein solch zentral gelegenes Quartier sein kann.

> **TIPP**
>
> # mille vins Weinhandlung – Gaumenschmeichler
>
> Ein Zwischenhalt in dieser Weinhandlung ist ein Erlebnis für sich. Trete ein in die gediegene Welt der Weine. Im Ausstellungsraum ist neben Schweizer Spezialitäten ein breites Sortiment an europäischen Spitzenweinen ausgestellt. Auf kurze Voranmeldung oder zu den offiziellen Weinberatungszeiten kannst du dich an den hölzernen Tisch setzen und einen Wein degustieren. Die Weinspezialist/-innen des Hauses werden dich gerne individuell betreuen und beraten.

Nach dem Abstecher folgst du der Mottastrasse, bis sie auf die Thunstrasse trifft. Gehe links den Tramgeleisen entlang bis zum Helvetiaplatz. Dort fällt der grosse Brunnen mit dem Welttelegrafen-Denkmal auf. Es erinnert an den 1865 gegründeten Welttelegrafenverein.

Wieso heisst dieser Platz eigentlich nicht Museumsplatz? Schliesslich tummelt sich hier eine Grosszahl der Berner Museen. Das bekannteste unter ihnen ist das Historische Museum, das mit seinen Türmen an ein Schloss erinnert. Es wurde 2009 um den «Kubus» und den

Museumspark erweitert und besitzt eine umfangreiche Sammlung zur Ur- und Frühgeschichte sowie zur Neuzeit der Stadt und des Kantons Bern.

Bekannt ist es auch dank den spektakulären Spezialausstellungen, wie zum Beispiel zur Qin-Dynastie. Die Kunsthalle, das Alpine Museum und das Einstein Museum sind ebenfalls am Helvetiaplatz angesiedelt.

Zurück beim Brunnen, folgst du dem Areal des Historischen Museums nach rechts und verlässt den Platz über die Bernastrasse. Vorbei geht es am Schützenmuseum, das von grimmigen Sandsteinschützen bewacht wird, und am weit über die Stadtgrenzen hinaus bekannten Naturhistorischen Museum.

Simon Jäggi, Verantwortlicher Öffentlichkeitsarbeit des Naturhistorischen Museums: «*Als Kind war der Eingang des Naturhistorischen Museums für mich wie eine geheime Türe. Die Welt dahinter war voller wilder Tiere, atemberaubend und unheimlich zugleich; dunkle Gänge, der Gorilla und der Marder, der das Kaninchen reisst. Ich wusste zwar, dass die Tiere tot sind, aber sie hatten doch etwas Lebendiges, Echtes an sich. Kürzlich haben wir im Museum die ‹Bar der toten Tiere› eröffnet: Bis spät in die Nacht hinein kann man zwischen den altehrwürdigen Schaukästen Drinks schlürfen und Musik hören. Die Leute wandern mit dem Bier in der Hand durch die schummrigen Stollen und in ihren Gesichtern entdeckt man die kleinen Kinder wieder, die vor Jahrzehnten vor den gleichen Tieren standen. Es hat etwas Magisches, dieses Haus.*»

Gleich nach dem Museum kreuzt du erneut die Hallwylstrasse, doch diesmal betrittst du links den Vorhof. Hier befinden sich gleich zwei wichtige Gebäude. Auf der rechten Seite siehst du den imposanten Bau des Gymnasiums Kirchenfeld im neoklassizistischen Stil. Hier drückten Albert Anker, bekannter Maler, und Richard von Weizsäcker, ehemaliger Deutscher Bundespräsident, die Schulbank. Auf der linken Seite siehst du die schweizerische Nationalbibliothek. Lust auf weitere wandervolle Kilometer? Die Helvetica-Sammlung

ist 60 Kilometer lang und besteht aus rund 5,5 Millionen Objekten.

Die Route führt zurück über die Hallwylstrasse zur Bernastrasse, der du nach links folgst. Bei der Hausnummer 28 triffst du auf ein grosses, hellrotes Backsteingebäude im Stil der Neurenaissance. Es ist das Hauptgebäude der eidgenössischen Münzstätte, dessen Bau 1906 fertiggestellt wurde und den Bund mehr als eine Million Franken kostete. Seit über hundert Jahren werden hier unsere Geldstücke hergestellt.

Etwas weiter vorne gelangst du erneut auf die Kirchenfeldstrasse. Folge ihr nur kurz nach rechts, bis du nach der Kreuzung zwischen den Tannen in einen kleinen Weg abbiegen kannst, der dich zur Archivstrasse bringt. Vor dir steht das imposante schweizerische Bundesarchiv. Es ist das schweizweit grösste Archiv mit Unterlagen aus dem 19. und 20. Jahrhundert.

Gehe am Gebäude vorbei und nimm nach der Einfahrt zur Autoeinstellhalle die kleine Treppe links, die dich zum Dalmazirain hinunterbringt. Die Szenerie wird vom imposanten Bundeshaus dominiert – hier wird dir so richtig bewusst, wie stark dieses Gebäude das Stadtbild von Bern prägt. Du näherst dich Schritt für Schritt der Aare und erreichst den Dalmaziquai. Diese Promenade wird gerne von Joggern und Spaziergängern aufgesucht.

Gegenüber dem Fluss liegt das legendäre, kostenfreie Marzilibad. Einst ein Bubenseeli, ist es heute eines der bekanntesten und meistbesuchten Freibäder der Schweiz. Erlebe hier den Badekult hautnah. ⓦ

Domi, 33, langjähriger Marzilianhänger: *«Um sich im Sommer abzukühlen, springen die Berner in die Aare. Ein Ausgangspunkt fürs Aareschwimmen ist das Freibad Marzili. Hier kann man auf unbestimmte Zeit Kästchen und Garderoben mieten. Dementsprechend schwierig ist es, eins zu kriegen. Meine Grosseltern standen zehn Jahre auf der Warteliste, bis es endlich klappte. Nun ist das Kästchen auf meinen Vater eingetragen. Und solange wir regelmässig in die Aare springen, wollen wir es auch weiter nutzen.»*

Folge der Aare stromabwärts bis zur Dalmazibrücke. Im Kreisel nach der Brücke folgst du der Brückenstrasse, bis du rechts in die Weihergasse abbiegen kannst. Ein letzter Spurt und du gelangst zur Talstation des Marzilibähnli.

AHA!
Beamtenexpress
Das Marzilibähnli, auch Beamtenexpress genannt, wurde 1885 gebaut. Die Höhendifferenz der Bahn beträgt nur 32 Meter und mit einer Streckenlänge von 105 Metern ist sie die kürzeste Standseilbahn der Schweiz. Früher erfolgte der Antrieb der Bahn, indem der talwärts fahrende Wagen mit Wasser gefüllt wurde. Einer dieser alten Wagen kann bei der Talstation bewundert werden.

Gehe zurück zum Brunnen und am alten Marzilibähnli vorbei, um rechts in die Brückenstrasse abzubiegen. Aus der Strasse wird bald ein Fussweg und ein weiteres Mal wirst du Zeuge des Natur-Urban-Wechsels. Eben säumten noch Häuser deinen Weg und schon bist du umzingelt von Bäumen, Wiesen und Schilf.

Sobald die Grünfläche zu deiner Rechten aufhört, kannst du links in den kleinen Weg zum Schulhausareal abbiegen. Vorbei geht es an einem Summstein. Das Summen stammt nicht etwa von Bienen, die sich eingenistet haben, sondern vom Betrachter selbst. Halte mal den Kopf hinein, der Stein summt effektiv!

Gehe Richtung Monbijoubrücke, bis du den Kreisel Sulgeneck-Marzilistrasse erreichst und dann weiter Richtung Aare. Kurz vor dem Fluss erstrahlt ein gelbes Backsteingebäude; es ist das über die Stadtgrenzen hinaus bekannte Kulturzentrum Dampfzentrale. Der Name stammt aus Zeiten, als hier die Dampfheizung des Bundeshauses untergebracht war. Heute dampfen nur noch die Pfannen der Köche und die verschwitzten Körper der Leute, die hier tanzend Dampf ablassen.

Hinter der Dampfzentrale erscheinen die grünliche Aare und ein kleiner Weg, dem du nach rechts folgst. Die

imposanten Pfeiler der Monbijoubrücke erheben sich vor dir wie steinerne Riesen. Da die Brücke ein idealer Schattenspender ist, wurden darunter mehrere Volleyballfelder errichtet, die frei nutzbar sind. Bei der Kreuzung verlässt du das Flussufer und folgst dem roten Veloweg. Nach wenigen Metern taucht vor dir das Gaswerkareal auf. Deine Route wird dich weiter nach links führen, besichtige aber vorher noch die Kessel.

Bei der nächsten Abzweigemöglichkeit gehst du nach links durch ein Tor aus zwei Steinsäulen. Vor dir erscheint ein kleiner Tümpel mit einem Steg; besonders im Sommer lohnt sich ein Blick in den Teich, um die lokale Flora zu beobachten. Erstaunlich, wie viele verschiedene Pflanzenarten auf so engem Raum koexistieren können.

Gehe weiter und du kommst zu einer Lichtung mit Feuerstelle und mehreren Rastmöglichkeiten. Diese «Brätuschteu» hat vor Kurzem für Furore gesorgt, da

AHA!
Jugend gibt Gas

Das Gaswerkareal ist ein Platz mit einer bewegten Geschichte, geprägt von Emotionen und kontroversen Streitigkeiten. Alles begann 1841, als hier das erste Gaswerk der Schweiz erbaut wurde. Bereits nach zwei Jahren stellten die vier Gaskessel die gesamte Beleuchtung der Stadt sicher. Mit der Einführung des elektrischen Lichts wurde die Gasversorgung obsolet. Die zwei übriggebliebenen Kessel wurden als direkte Folge der 68er-Bewegung in ein Jugendzentrum umfunktioniert. 1985 wurde hier das «Freie Land Zaffaraya» errichtet, ein Zelt- und Wagendorf von Jugendlichen, die ein autonomes Zentrum forderten. Dieses sorgte lange Zeit für rote Köpfe. Nach unzähligen polizeilichen Räumungen und diversen Umzügen wurde Zaffaraya im Neufeld untergebracht, wo es auch heute noch von etwa 20 Personen bewohnt wird.

immer mehr Menschen hier ihren Gelüsten nach elektronischer Musik nachgingen – zum Leidwesen von Passanten und Naturgeniessern.

Blicke zur Aare und verlasse die Kreuzung nach rechts. Nach einigen Metern erreichst du eine offene Rasenfläche mit schön angeordneten Steinen; mit etwas Fantasie kann man sich problemlos eine Kleinausgabe von Stonehenge ausmalen.

Gehe am Sportplatz Schönau vorbei, hoch zum gleichnamigen Schulhaus. Nachdem du an der Sportanlage vorbeigezogen bist, taucht auf dem erdigen Aussichtshügel vor dir ein Spielplatz auf. Kurz davor führt ein Weg hinunter zum Schönausteg; schreite auf diesen hinaus in die Frische des Windes. Mit etwas Glück kannst du Tollkühne beobachten, die sich aus zwei Metern Höhe in die reissende Aare stürzen. Riskierst auch du einen Sprung? ⓦ

SCHÖNAUSTEG ⋯ KLEINWABERN

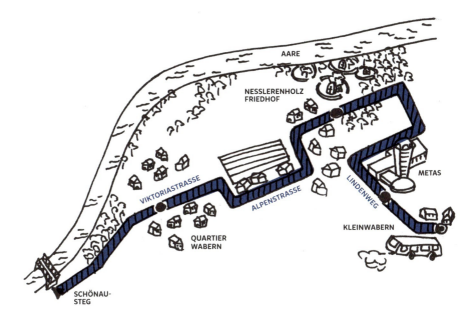

Nach der erfrischenden Aussicht vom Schönausteg betrittst du die Stufen, die dich hinauf zum Spielplatz und der Terrasse bringen. Von hier aus folgst du links dem Fussgänger- und Veloweg. Wenn du nach unten zum Fluss schaust, erkennst du die Gebäude des Pumpwerks Schönau, dem Hauptpumpwerk der Berner Wasserversorgung.

Matthias Aebischer, Politiker: *«Ich bin ein Marzilianer. Das heisst, ich wohne im Berner Quartier Marzili unterhalb des Bundeshauses am Aarefluss. Für meine Kinder ist klar: Wer in die Aare geht, muss sich ohne Schwimmhilfen über Wasser halten können. Die Siebenjährigen schwimmen oft nur von einer Einstiegstreppe zur nächsten. Dann wird es mit jedem Jahr mehr. Spätestens mit zehn Jahren wagen die Kinder den Sprung von der Schönaubrücke. Volle Konzentration ist gefragt, damit man ja nicht anderen Aareschwimmern auf den Kopf springt. In der Pubertät ist das sogenannte Griessköpfli hoch im Kurs. Mit den Badehosen in den Kniekehlen taucht man unter und lässt nur den blanken Allerwertesten über Wasser erscheinen. Item, auch ohne Kapriolen ist der Aareschwumm ein Genuss. Er gehört zum Schönsten, was Bern zu bieten hat.»*

Du lässt dich nicht vom Weg abbringen und gehst weiter hinauf. Oben angekommen, lohnt sich ein Blick zum Himmel, denn hier ist die seltsame Figur eines eisernen Storchs auf einem Zahnrad zu sehen. Ist er wohl das Symbol des «Chindlistorchs» und zeigt die Kinderfreundlichkeit Waberns?

Du gelangst links in die Gossetstrasse und folgst ihr geradeaus. Bei der nächsten Abzweigemöglichkeit gehst du rechts in die Viktoriastrasse. Nach einer Weile kreuzt du den Strandweg, der zum Eichholzcamping hinunterführt.

Gleich danach überquerst du die Eichholzstrasse, um auf der Viktoriastrasse zu bleiben. Du folgst eine Weile der Buslinie 29, die Niederwangen mit Wabern verbindet. Achte auf die Häuser auf beiden Strassenseiten: Viele erstaunen durch fantasievolle Pflanzenverzierungen an der Fassade.

Nach einer Weile erreichst du die nächste Bushaltestelle und das Pflege- und Altersheim Weyergut Wabern. Hier endet das Quartier und es erscheint ein weites Feld. Im Hintergrund erkennst du den Wetterturm des Metrologieinstituts, das dein nächstes Ziel ist. Du gehst rechts die Weyerstrasse hoch. Bereits bei der nächsten Kreuzung verlässt du sie über die Alpenstrasse und folgst dieser ein gutes Stück. Wie es der Name andeutet, hast du von der Alpenstrasse bei gutem Wetter einen unglaublichen Blick auf Berge, Felder und Wiesen. Die Stadt ist wie weggezaubert – dabei bist du nur wenige Schritte von der Zivilisation entfernt.

Eine weitere Busstation taucht auf und weist dir links den Weg in die Maygutstrasse. Während du hinuntergehst, hast du einen fabelhaften Ausblick auf das gegenüberliegende Murifeld und den Bantiger mit seinem Fernsehturm. Unten angekommen, nimmst du die zweite Strasse nach rechts, den Nesslerenholzweg. Er bringt dich zu den Pforten des Nesslerenholz Friedhofs. Diese Ruhestätte überrascht durch ihre Architektur und die minutiös angelegten Blumenbeete.

Hast du dich umgesehen? Dann kehre zum Eingangstor zurück und gehe links in den düsteren, bitterkalten Wald hinein. Nach rund 100 Metern gelangst du an eine Weggabelung – du wählst den rechten, rustikal wirkenden Pfad. Was duftet da so süss, ist es das Knusperhäuschen aus Hänsel und Gretel? Ja fast, nur die Hexe fehlt. Leider besteht das Häuschen vor dir weder aus Schokolade noch aus Lebkuchen. Tatsächlich handelt es sich um den Schiessstand der

Sportschützen Bern-Gurten, die hier ihre Treffsicherheit unter Beweis stellen.

Gleich daneben befinden sich unzählige Schrebergärten. Umkreise die Beete im Uhrzeigersinn und folge dem schmalen Pfad entlang des Zauns. Am Ende erreichst du den Lindenweg, dem du bergauf folgst. Du kommst an drei identischen Häusern vorbei und landest vor dem Eingang des Eidgenössischen Instituts für Metrologie (METAS). Wage einen Rundblick ins Gelände, hier gibt es schon von aussen einiges zu entdecken. Ins Auge stechen insbesondere die hohe goldene Säule und der Wetterturm aus Backstein. Möchtest du wissen, wie die offizielle Zeit der Schweiz definiert wird? Antworten auf diese und viele weitere Fragen findest du im METAS. 🅦

Nach der kleinen Führung setzt du zum Etappen-Schlussspurt an und gehst den Lindenweg hoch bis zum Kreisel. Du gelangst zu deinem Etappenziel, der Busstation Kleinwabern. Vor dir erstrahlt

AHA!
Hier wird die Zeit erfunden
Erst 1965 wurde das Amt an den heutigen Standort verlegt. Sein Aufgabengebiet wurde fortlaufend erweitert. Das heutige Amt für Metrologie und Akkreditierung Schweiz stellt Normalwerte von international anerkannten Werten zur Verfügung und führt Untersuchungen im Messwesen durch. Ausserdem arbeitet das integrierte Labor für Zeit und Frequenz mit Atomuhren und stellt damit Daten zur Schweizer Atomzeit zur Verfügung, die für die koordinierte Weltzeit UTC benötigt werden.

der imposante Gurten, den du auf der nächsten Etappe erklimmen wirst.

Auf dieser zweiten Etappe hast du Bern von einer ganz neuen Seite entdeckt und konntest deinen Wissenshunger stillen. Freue dich auf acht weitere, wandervolle Etappen.

Etappe 3

...

Jeder will mal hoch hinaus im Leben! Auf dem **Gurten** kommen nicht nur die Berner zur **Ruhe**. Die **Aussicht** über die **gesamte Stadt** ist einfach «**äärdeschön**»! Von hier oben scheinen die **Sorgen so klein** wie die Häuser – der **Alltag** ist vergessen.

DIE WANDERVOLLE ROUTE

START
Kleinwabern, Postauto 340

ZIEL
Monbijou, Eigerplatz, Tramlinie 3

DISTANZ
8 km

GUT ZU WISSEN
Gutes Schuhwerk empfohlen, im Winter nicht gepfadet, Postauto 340 fährt stündlich, genügend Zeit für den Gurten einrechnen

HÖHEPUNKTE

Wabern – trink dich fit
Gurtendörfli – bauern wie zu Gotthelfs Zeiten
Gurten – luftiges Panorama
Spiegel – Ausblick der Reichen
Titanic – voll in Fahrt

Etappe 3
...

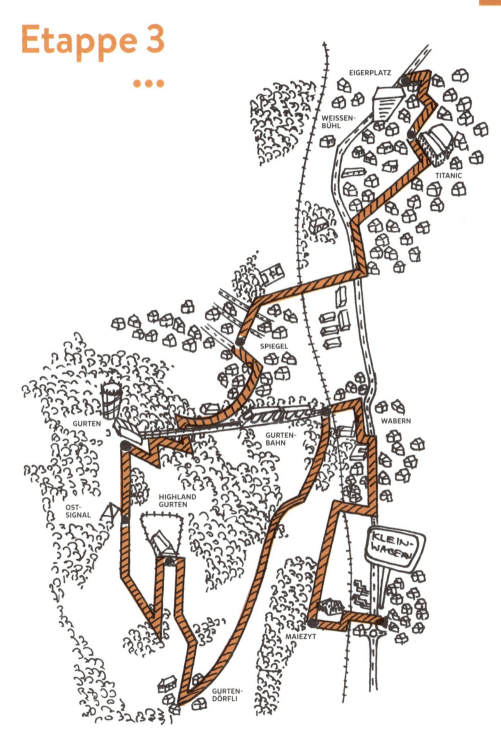

DEIN HÖHENFLUG

...

  Viel Natur und Höhenluft dominieren die dritte Etappe. Sie bringt dich über die Dächer von Bern hinauf zum Höhepunkt. Du startest urban am Fusse des Gurtens in Wabern. Nach der Quartierbesichtigung gehst du steil aufwärts – mit jedem Schritt wird das Panorama überwältigender. Ein kurzer Zwischenhalt im Gurtendörfli erlaubt dir eine Verschnaufpause vor dem Gipfelsturm.

  Auf dem «Güsche», wie die Berner den Gurten nennen, gibt es viel zu entdecken. Nach dem Rundblick vom Jura bis zu den Alpen gehst du wieder hinunter in die Zivilisation. Nach den funkelnden Diamanten im Spiegel weichst du dem Eisberg im Weissenbühl aus und steuerst ohne Kollision auf die Eigernordwand zu – das Etappenziel: Eigerplatz.

LOS GEHT'S...

KLEINWABERN ••• TALSTATION GURTENBAHN

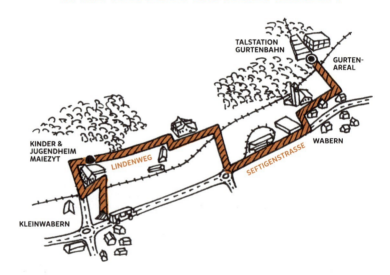

Willst du die absolute Höhe erleben? Dann nichts wie los auf den Gurten!

Bei der Busstation Kleinwabern gehst du rechts zwischen den Häusern am Quartiereinkaufszentrum vorbei. Du entdeckst einen überdimensionalen Globus mit der Aufschrift «Maiezyt». Unterquere die Bahngeleise, um das

Areal des bekannten Kinder- und Jugendheims Maiezyt zu betreten. Seit 1931 werden hier verhaltensauffällige Kinder betreut. Schlängle dich durch die Gebäude, bis der Weg ins Feld hineinführt. Der Lindenweg beschreibt eine Rechtskurve und führt dich dem Berg entlang. Nach einer Weile triffst du auf die Grünaustrasse, die dich zu einem Hofplatz hinunterführt. Gehe nach links und du erreichst die Stiftung Bächtelen – ein Kompetenzzentrum für berufliche Grundbildung junger Menschen. Der Garten überzeugt durch einen Springbrunnen, minutiöse Blumendekoration und eine ausgeklügelte Architektur.

Gehe an der Anlage vorbei und folge geradeaus der Grünaustrasse. Weiter vorne überquerst du die Geleise und gehst bis zur Kreuzung Seftigenstrasse. Biege im Kreisel links ab und folge der Strasse, bis du die Tramendstation Wabern erreichst. Hinter dem Wendeplatz sticht das gläserne Gebäude ins Auge, in dem im Sekundentakt

Aufenthalts- und Niederlassungsbewilligungen verteilt werden: Du siehst das seit 2005 bestehende Bundesamt für Migration.

Kehre zurück zur Seftigenstrasse und folge ihr nach links. Bunte Fassaden bringen Farbe in die sonst graue Strasse. Zu deiner Linken erscheint das Gebäude des swisstopo. Hast du dich verlaufen? Das Bundesamt für Landestopographie hält für jede Situation eine Karte bereit. Gehe weiter und dringe ins Herzstück Waberns vor. Gegenüber dem Einkaufszentrum befindet sich das Kultur- und Quartierzentrum Bernau. Hier treffen sich Menschen jeden Alters aus Wabern und der Umgebung, um gemeinsam ihre Ideen zu verwirklichen. ⓦ

Nach dem Einkaufskomplex biegst du links in die Waldblickstrasse ab. Sowohl der Gurtenwald als auch die Häuserreihe rechts sind eines Blickes würdig. Die mit Glyzinen verzierten Mauern und der in die Höhe ragende Kirchturm

AHA!
Bier gegen Armut
1862 erwarb der Bauernsohn Johann Juker ein rund 75'000 Quadratmeter grosses Steingruben-Anwesen am Gurten, das er zu einer Brauerei umfunktionierte. Das Areal aus Sandstein eignete sich bestens als Lagerkeller und die geplante Gürbetalbahn versprach eine gute Erschliessung des Geländes. Nur zwei Jahre später wurde das erste flüssige Gold in die Stadt geliefert. Diese Errungenschaft verhalf dem Dorf zu Ruhm und Reichtum. Der Erfolg Jukers schien nicht zu bremsen, und so wurde sein Bier zum Berühmtesten in ganz Bern.

versüssen dir die Wanderung. Vor der Kirche folgst du rechts der Kirchstrasse. Gehe am Gebäude der Primarschule Wabern vorbei zur Kreuzung Dorfstrasse. Folge dieser Strasse hoch bis zur Talstation der Gurtenbahn.

TALSTATION GURTENBAHN ··· GRÜENEBODE

Neben dem Eingang zur Gurtenbahn befindet sich die ehemalige bekannte Gurtenbrauerei. Das Areal wurde 2014 zu einer modernen Siedlung umgebaut. Welcher Name würde besser passen als «Quellfrisch»? In den historischen

Brauereigebäuden und im Neubau ist ein vielseitiger Begegnungsort entstanden. Gehe zurück zur Talstation und folge geradeaus dem Wanderweg Richtung Gurtendörfli. Nach etwa 50 Metern erscheint links ein Parking – wage einen ersten Blick über Wabern.

Die Strasse führt dich in den Wald hinein. Zu deiner Rechten erkennst du einen steilen Pfad für Freerider. Ihr phlegmatisches Ziel: hinauf mit der Bahn und schneller als der Wind wieder hinunter.

Dir gibt jedoch der Weg den Tarif durch: steil, steiler, am steilsten steigt er an und du gewinnst rasch an Höhe. Schattig im Sommer, windgeschützt im Winter, gehst du Zentimeter für Zentimeter hoch. Sobald du den Wald verlässt, verliert der Weg an Steilheit, nicht aber an Geilheit. Zu deiner Linken siehst du Wabern, Kehrsatz und den Flughafen Bern-Belp. Ziehe den Kopf ein – die Flugzeuge rauschen über dich hinweg.

AHA!
Klein, aber mein

«I stah jede Tag dusse, gseh die Flüger cho u gah», so beginnt der Song von Patent Ochsner zum Flughafen «Bäupmoos». Der Flugplatz besteht seit 1929 und ist vielen Bernern ans Herz gewachsen. Seine Grösse wird oftmals unterschätzt, zählt er doch 500 Vollzeitmitarbeiter, die den reibungslosen Ablauf der über 60'000 Flüge pro Jahr garantieren. Diverse Fluggesellschaften wie Etihad Regional, Helvetic Airways und SkyWork Airlines fliegen ihn an und verbinden so Bern mit Europa.

Gemütlich gehst du weiter nach oben und erreichst bald das Gurtendörfli. Im bäuerlichen Weiler gibt es viele alte Häuser, Speicher und Stöcklis. Das zentrale Bauernhaus wurde bereits 1598 in seiner heutigen Form erbaut – es scheint, als stehe hier die Zeit still.

Du verlässt das Dörfli Richtung Ortsschild Gurten-Kulm. In den Sommermonaten bevölkern Kühe, Rinder und schwarze Schafe die Wiesen – die Wanderung wird zum Spaziergang durch den Zoo. Nach der Linkskurve hast du die Möglichkeit, eine Zusatzschlaufe durch das Highland-Gurten zu unternehmen. Der Hof führt regelmässig Events durch und bietet Fleisch von selbstgezüchteten, schottischen Hochlandrindern an. Verlasse das Gelände auf der anderen Seite und folge der Allee, bis du wieder den Gurtenweg erreichst. Folge dem geteerten Weg, bis du den Kulm des Gurtens erblickst. Es fehlen nur noch ein paar Höhenmeter – mache dich bereit für den Gipfelsturm. Du gelangst

zum höchsten Punkt des Bergs, dem Ostsignal. Hier oben auf 858 Meter ü. M. siehst du die gesamte Stadt Bern – von Wankdorf im Norden bis zum Flughafen Bern-Belp im Süden.

Paul, 72, ehemaliger Taxichauffeur: «*Als Taxifahrer erlebe ich die verschiedensten Geschichten. Die skurrilste ist sicherlich folgende: Ich durfte einen reichen Amerikaner, dem grossen Hut nach ein Texaner, beim Hotel abholen und ihn zum Flughafen Bern-Belp fahren. Unterwegs erzählte er mir, er sei gestern in Basel gelandet und unglaublich erstaunt gewesen über die Grösse dieses kleinen Flughafens. Als wir beim winzigen Flughafen Bern-Belp ankamen, weigerte sich der Herr auszusteigen – er war felsenfest überzeugt, ich wolle ihn aufgrund seiner Bemerkung veräppeln und hätte ihn zu einem Privatflugplatz gebracht.*»

Auf der grossen Wiese, die sich vor dir ausbreitet, hat es zahlreiche Grillplätze. Im Winter kann man hier schlitteln und Ski fahren. Eine rasante Talabfahrt mit den Skiern nach Wabern ist nur in schneereichen Wintern möglich. Du gehst über die Wiese hinunter zur Bergstation der Gurtenbahn. Hier gibt es viel zu entdecken – nimm dir genügend Zeit. Der «Güsche» ist mehr als ein Berg, er ist Spiel-, Event- und Sportberg in einem.

Auf dem Bahnareal, das früher ein Golfplatz war, befindet sich ein neuer grosser Spielplatz mit der bekannten «Chugelibahn» – eine Art überdimensionale Tinguely-Maschine. Hier kann Kind hebeln, drehen und kurbeln. Viele Berner sagen, es sei Berns schönster Spielplatz.

Einen Namen über die Stadtgrenzen hinaus hat sich der Gurten auch mit dem Gurtenfestival gemacht.

Geniesse eine Fahrt auf dem «Tschutschu-Bähnli», einer Miniaturausgabe einer echten Eisenbahn. Pro Jahr beschert sie rund 100'000 Passagieren ein fulminantes Erlebnis. Folge dem Weg zum lichtdurchlässigen Aussichtsturm aus Holz und Stahl. Mit 22,5 Metern Höhe ist er das neue Wahrzeichen des Gurtens. Begehe die schmale Wendeltreppe, aber pass auf, dass dir nicht schlecht wird. Der Rundblick verschlägt dir die Sprache – wandervollissimo!

AHA!
Hopse ufem Güsche

Das Gurtenfestival zählt zu den bekanntesten Open Airs der Schweiz und begeistert seit 1977 Musikfans. Viele national, aber auch international bekannte Rock- und Popbands sind hier schon aufgetreten – in den letzten Jahren kamen Blues- und Hip-Hop-Bands dazu. Weltstars wie Nazareth, Bob Dylan und James Blunt rockten den Berg. Die gesamte Gurtenwiese wird jeweils zur Zeltstadt, in der eine ausgelassene Stimmung herrscht.

Hast du alles betatscht, erprobt und erledigt? Dann bist du bereit für den Abstieg! Schlage bei der Gurtenbahn rechts den abwärtsführenden Weg ein. In mehreren Schlaufen gehst du gemächlich durch den Wald zur Mittelstation Grüenebode, wo die knallroten Bahnwagen der einst schnellsten Standseilbahn der Schweiz einen Halt einlegen.

GRÜENEBODE ··· EIGERPLATZ

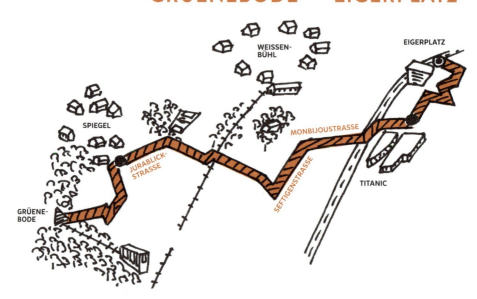

Bei der Brücke zweigst du links in den Schweizerhausweg ab. Die Zivilisation holt dich wieder ein. Du gehst abwärts an den pompösen Villen des Spiegelquartiers vorbei. Bei der nächsten Kreuzung gehst du rechts in die Jurablickstrasse. Wie es ihr Name vermuten lässt, kannst du dich hier am Blick auf den Jura erquicken.

Hugo, 32, aufgewachsen im Spiegel: *«Der Spiegel gilt als Bonzen-Quartier. Hier wohnen und wohnten Bundesräte, Banker, Unternehmer, Chefbeamten. Ich kann dir genau sagen, welches Haus ein Hallenbad hat und welches nur so tut, als ob. Da ist es verblüffend, dass der Spiegel immer wieder grosse Musiker hervorgebracht hat. Kuno Lauener von Züri West wuchs hier auf; auch Sophie Hunger lebte als Kind hier. Ebenso Marco Basci, der sich in den USA durchgekämpft hat und kürzlich für einen Grammy nominiert wurde.»*

Nach einer Weile kreuzt du die Hochstrasse und folgst ihr talwärts bis ans Ende. Ab hier folgst du dem Fussweg zwischen Gärten hindurch, der dich zur Lerbermattstrasse hinunterbringt. Geniesse die letzten Höhenblicke über die Stadt hinweg.

Du folgst der Lerbermattstrasse am Sportplatz vorbei bis ans Ende und gehst über die Bahngeleise in den Feldweg.

3

Der Frischingweg bringt dich zwischen Bauernhäusern und offenen Feldern zur verkehrsreichen Seftigenstrasse zurück. Links hinter den Bäumen versteckt sich die grosse Villa Morillon.

Lasse die Natur hinter dir und mache dich bereit für das letzte Etappenstück – es wird richtig urban. Du folgst links der Seftigenstrasse, bis du rechts in die Monbijoustrasse abzweigen kannst. Folge den Tramgeleisen stadteinwärts bis zur Kreuzung Sulgenauweg. Biege links und bei der nächsten Möglichkeit rechts in den Sulgenheimweg ab. Am Ende landest du auf der verkehrsreichen Eigerstrasse und vor dir erscheint das Gebäude der Titanic II. Hunderte von Fenstern lassen den Dampfer förmlich erstrahlen. Folge links der Eigerstrasse, vorbei am Kindergarten Sulgenbach. [w]

Beim Fussgängerstreifen überquerst du die Strasse und betrittst die Sulgenbachstrasse. Hier befand sich früher das Dorf Sulgen und der Sulgenbach.

Der Name Sulgenbach kommt vom althochdeutschen Wort «sulag», was Pfütze bedeutet. Der Bach ist heute brav kanalisiert.

Nach rund hundert Metern biegst du links ab und schreitest bis zum innerstädtischen Hof vor. Das ehemalige Fabrikgelände aus Backstein lässt dich von vergangenen Zeiten träumen. Heute ist es ein gelungener Quartiertreff mit einem schönen kleinen Park. Die Platanenallee führt dich zum Philosophenweg, dem du philosophierend bis zur Kreuzung Belpstrasse folgst. Rechts wartet das Restaurant Frohegg mit leckeren Gerichten auf dich.

> **TIPP**
> ## Restaurant Frohegg – Schmaus und Trank mit Stil
> **Es sind die versteckten Quartierrestaurants, die oftmals die schönsten Erlebnisse bescheren. Der bezaubernde Wintergarten und die mit lauschigen Bäumen bewachsene Gartenterrasse im Hof machen das Restaurant Frohegg zu einer wahren Perle. Das stilvolle Ambiente und die Köstlichkeiten aus der Küche machen das Speisen hier zu einem Fest der Sinne. Dank der intensiv gepflegten Weinkultur ist für jedes Gericht der passende Tropfen Wein vorhanden.**

Nach der Pause in der frohen Ecke gehst du zurück zum Eigerplatz. Hast du den Höhenflug genossen? Du bist am Ziel der dritten Etappe angekommen und hast Bern aus neuen Perspektiven gesehen.

Etappe 4

...

4

Bern weiss es schon lange: **Architektur** ist **Geschmackssache**, aber nie Nebensache. Dem grauen **Siedlungsbrei** der **Agglo Bern** wurde in den letzten Jahren Leben eingehaucht: Spannende **Wohnkomplexe** und architektonische **Meisterwerke** machen das Ballungsgebiet zu einem **Blütegebiet** am Rande Berns.

4

DIE WANDERVOLLE ROUTE

START
Monbijou, Eigerplatz, Tramlinie 3

ZIEL
Niederwangen, Ried, Buslinie 29 ab Niederwangen

DISTANZ
8 km

GUT ZU WISSEN
Grillstellen im Könizbergwald

HÖHEPUNKTE

BLS-Quartier – Hommage auf die Bahntunnel
Liebefeldpark – der Park, der einfach nur Park sein darf
Blinzern – Hügel der Wohlhabenden
Köniz – Wakkerpreis in Ehren
Kirche und Schloss Köniz – als Köniz noch dominierte
Tubetränki – ein Fleckchen Himmel im Walde

Etappe 4
...

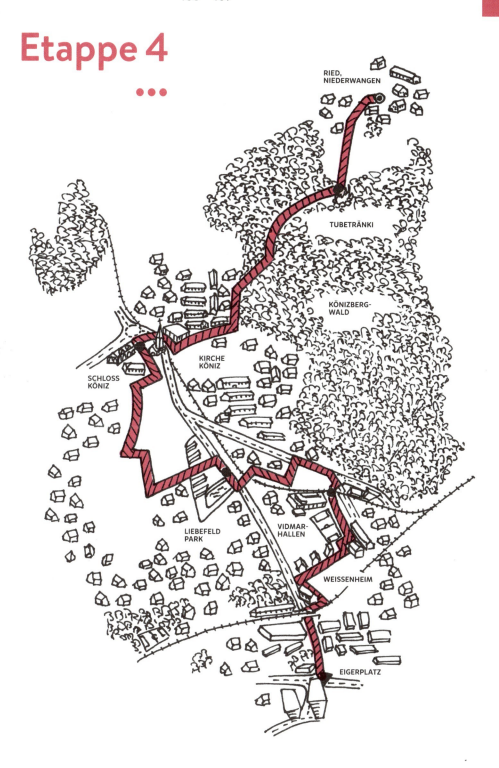

ES WIRD ARCHITEKTONISCH

...

Auf der vierten Etappe erwartet dich eine Fülle überraschender Bauten. Vom viel befahrenen Eigerplatz gehst du am ruhigen Weissenheim vorbei ins herausgeputzte BLS-Quartier. Du schlenderst durch urbane Siedlungen und kommst zur grünen Lunge des Quartiers, dem Liebefeldpark.

Ein aussichtsreicher Abstecher nach Blinzern gewährt dir einen Rundblick über Köniz, dein nächstes Ziel. Du erklimmst die Spitze des trendigen Vororts und betrittst den Könizbergwald. Du kämpfst dich durch dichte Bäume, bevor du über grosse Felder die moderne Überbauung Ried – dein Etappenziel – erreichst.

LOS GEHT'S...

EIGERPLATZ ··· VIDMARHALLEN

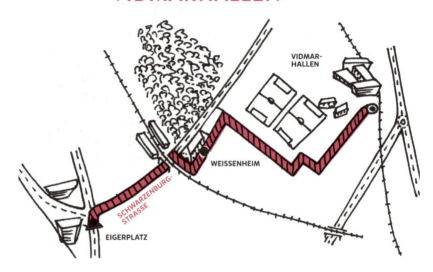

Hast du Heisshunger auf Architektur? Diese Etappe stillt deinen Appetit.

Dein Abenteuer beginnt bewegt und lärmig am Eigerplatz, einem wichtigen Verkehrsknotenpunkt von Bern. Genug vom Knäuel aus Autos, Bussen und Trams: Du biegst in die Schwarzenburg-strasse ab und lässt dich stadtauswärts

AHA!
Ein Quartier voller Liebe

In diesem Quartier wohnt Polo Hofers Liebe: s'«Meitschi vom Wyssebüehl». Zu Beginn des 20. Jahrhunderts entstand hier unter anderem die Produktionsstätte von Wander AG, in der lange Zeit unsere Ovomaltine hergestellt wurde. Mit wandervoll chaschs nid besser, aber länger!

Richtung Köniz treiben. Bei der Bushaltestelle Weissensteinstrasse, im Weissenbühlquartier, dringt das Berner-Oberland-Feeling in deine Poren – du kommst an einem heimeligen, mit Blumen dekorierten Chalet vorbei. Überquere die Weissensteinstrasse und gehe unter der Bahnlinie durch. ⓦ

Gleich nach der Bahnunterführung gehst du rechts die Treppe hoch. Hokuspokus: weg mit dem Grau und dem Lärm! Vor dir siehst du eine Reihe farbiger Gebäude, die zum Weissenheim gehören. Dieses Schulheim für Kinder und Jugendliche wurde 1868 von einem Pfarrer gegründet. Knaben waren hier nicht immer erwünscht; lange Zeit war das Heim den Mädchen vorbehalten. Gehe links an der Schule vorbei und biege bei der ersten Möglichkeit rechts ab. Am Ende der Schulanlage gehst du geradeaus an der Scheune vorbei – du befindest dich mitten im Grün. Die Radau machenden Hühner versetzen dich in Alarmbereitschaft. Nach dem

Gartentor, noch bevor du die Schwarzenburgstrasse touchierst, biegst du rechts in die Dübystrasse ab.

Du befindest dich mitten im BLS-Quartier. BLS steht für Bern-Lötschberg-Simplon-Bahn; sie ist die grösste Privatbahn der Schweiz. Oder steht BLS doch etwa für «bohren, laden, sprengen»? In den nächsten Minuten kommst du an vielen namhaften Tunnels der Schweiz vorbei – darunter der Simplon und der Lötschberg.

Bohre dich durch die schmucke Dübystrasse, lade deine innere Batterie auf und sprenge deine Gedanken – alles steht hier am richtigen Platz. Beim kleinen «Dorfplatz» und dem alten Gebäude, das an einen Bahnhof erinnert, gehst du links dem Hauensteinweg entlang. Dessen Name rührt vom Hauenstein-Basistunnel, durch den die älteste Gebirgsbahn der Schweiz führt.

Du gelangst zum Weissenstein Park, einer ehemaligen Kiesgrube. Da das Kies nun weg ist, darf das Gelände als Naturpark mit Sportanlage weiterleben. Viele Naturwiesen, bevölkert mit Salatkräutern und Blumen, schmücken den Park. Et voilà – ein Ort, an dem die Natur noch Natur sein darf. Mit Mountainbiketracks und Fussballfeldern bietet er jede Menge Platz für kleine und grosse Kinder – so macht das Quartierleben Spass.

Gehe rechts ein paar Meter der Parkanlage entlang. Nach dem Holzgebäude gehst du links über den Park zu den Neubauten: willkommen im Weissensteinquartier. Die Etappe tritt hier den Beweis an, dass sie ihren Titel mehr als verdient. Zwischen den Gebäuden hindurch gelangst du zu den VIDMARhallen.

AHA!
Unersättlicher Bauhunger
Fantasiereiche Architekten leben sich im Weissensteinquartier aus: Hier stehen reihenweise Neubauten und es werden unaufhörlich mehr. Der Bauhunger dieses Quartiers scheint schier unersättlich. Ein gutes Beispiel dafür sind die mächtigen VIDMARhallen, wo unter anderem das Stadttheater eine Dependance hat.

VIDMARHALLEN ··· KIRCHE KÖNIZ

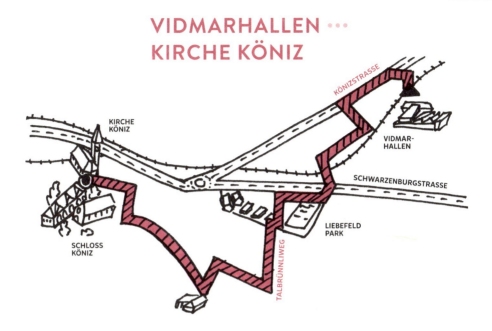

Du gehst an den Hallen vorbei über die Bahngeleise zur Könizstrasse. Hast du Lust auf orientalischen Krimskrams, so mache links einen Abstecher in den türkischen Basar – feilschfrohe Händler drehen dir gerne ihre Ware an. Folge links der Könizstrasse, bis du kurz nach dem Kreisel das Restaurant Haberbüni erreichst. Gönne dir eine Stärkung in dieser erhabenen Gaststätte.

4

> **TIPP**
> ## Haberbüni – Habern auf der Bühne
> Wer hätte gedacht, dass man in der alten Heubühne eines Bauernhauses so fein «habern» kann. Dieses Restaurant oder besser «Essaurant», wie es über dem Eingang steht, bietet dir verschiedene Inseln der Sinne an. Sei es die Schwelgerinsel, das eigentliche Restaurant, das mit seinem Interieur eine Augenweide ist, oder die Garteninsel, die mit ihrem Teich und dem Vogelgezwitscher eine Insel der Glückseligkeit ist.
> Das ganze Erlebnis wird noch mit einer Selektion von über 200 verschiedenen Whiskys abgerundet.

Gehe der Könizstrasse entlang, bis du links in die Waldeggstrasse abbiegen kannst. Nach den Bahngeleisen fällt dir eine grosse, klotzige Skulptur auf, die vor lauter Rost kaum noch atmen kann. Biege nach dem Kunstgebilde rechts ab. Du gehst am Carba Center vorbei zum Bahnhof Liebefeld und folgst links der Stationsstrasse.

Wage einen Blick rechts hinter den Kreisel – du traust deinen Augen kaum. Mitten in dieser Industrie- und Wohngegend ruht ein kleiner See! Er ist umrandet von einer «gigantösen»

Grünanlage, auf der mehrere Fussballfelder Platz hätten. Der neugestaltete Liebefeldpark gibt dem urbanen Quartier das nötige Grün zurück und enthält nur, was zur Erholung notwendig ist: Wiesen, ein Spielplatz mit überdimensionalen Ritigampfis und Sitzgelegenheiten. Dieser «Mut zum Einfachen» hat dem Park den Hasen in Gold für gelungene Landschaftsarchitektur eingebracht.

Dringe bis zur Parkmitte vor, wo dich ein Fussweg nach links zwischen modernen Gebäuden hindurchführt. Bei der Wabersackerstrasse biegst du rechts ab und nimmst links den Talbrünnliweg Richtung Gurten. Folge dieser typischen Quartierstrasse, bis du rechts in die Rainstrasse abbiegen kannst.

Du befindest dich im Weidli, einem Quartier, das um 1980 herum auf dem Blinzernplateau gebaut wurde. Es wird ländlicher – Kühe und Pferde bequatschen dich von beiden Seiten. Du gehst rechts der Rainstrasse entlang, folgst

kurz dem Weidweg und nimmst links die Treppe Richtung Blinzern hoch, die sich am Rande des Spiegelquartiers befindet.

Thomas, 35, Einwohner des Spiegel-Quartiers: «Missverständnisse sind vorprogrammiert, wenn man ‹aus dem Spiegel› kommt. Kürzlich erzählte ich einem Kollegen minutenlang von meiner Ortschaft; sein Blick wurde immer fragender. Es stellte sich heraus, dass er ständig dachte, ich redete über das deutsche Nachrichtenmagazin. Schriftlich ist es ebensowenig sinnvoll, von sich zu schreiben, man sei ‹Spiegeler›. Das ist zwar sprachlich richtig, denn so nennen wir uns. Aber es erinnert im Schriftbild doch extrem an eine ‹Zmorge›-Speise.»

AHA!
Stadt oder Dorf
Die Geschichte von Köniz reicht bis ins 7. Jahrhundert zurück, weiter als jene von Bern. Mit über 40'000 Einwohnern ist Köniz die viertgrösste Gemeinde des Kantons und damit fast gleich gross wie Thun. Noch heute weht ein guter, alter Könizgeist durch die Gemeinde. Ob Köniz mehr Dorf oder Stadt ist, darüber kann man sich streiten. Über eine Sache sind sich aber alle einig: Köniz ist kunterbunt, lebendig und modern.

Gehe durch den Bauernhof und folge rechts dem Wanderwegzeichen. Wow, da ist sie einmal mehr. Wer denn? Na, die schöne Frau Aussicht! Diesmal setzt sie sich mit einem Blick über das westliche Bern bis hin zum Jura in Szene. Vorbei an frischen und herrlich duftenden Kuhfladen gehst du hinab – die Kirche Köniz fungiert als Wegweiser. An der Strasse angekommen, gehst du rechts Richtung Zentrum Köniz.

4

Gleich nach dem Parking gehst du links den Rappertöriweg hoch zu Schloss und **Kirche**. Du befindest dich auf dem alten Weg nach Köniz; auf ihm pilgerten bis 1276 die Berner zu gottesdienstlichen Handlungen nach Köniz. Geschlagene zwei Stunden brauchte man damals für diese Wegstrecke. 🆆

Michael Stähli, Pfarrer: *«Unter dem reich verzierten Turmkreuz befindet sich eine gut sichtbare Kugel, die bei jeder neuen Beschilderung des Turms mit Zeugen aus der aktuellen Zeit bereichert wird. So befinden sich seit 1704 interessante Zeitdokumente in dieser Kugel; zum Beispiel 70 Münzen aus Schweizer Kantonen oder eine Lebensmittelpreisliste von 1802. Noch 1953 wurde – man stelle sich das vor – ohne Gerüst gearbeitet; die Arbeiter erhielten 50% Höhenzuschlag zum Stundenlohn von CHF 4.60 sowie eine Münze aus dem Schatz der Kugel.»*

AHA!
Die Kirche von Bertha

Die Geschichte der Kirche von Köniz beginnt im Frühmittelalter. Unter dem Kirchenschiff aus dem 10. oder 11. Jahrhundert werden mehrere Vorgängerbauten vermutet. Eine davon soll auf König Rudolf II. von Hochburgund und Königin Bertha zurückgehen. Die Kirche von Köniz diente als Kloster, Wehranlage und Adelswohnsitz.

KIRCHE KÖNIZ ··· NIEDERWANGEN, RIED

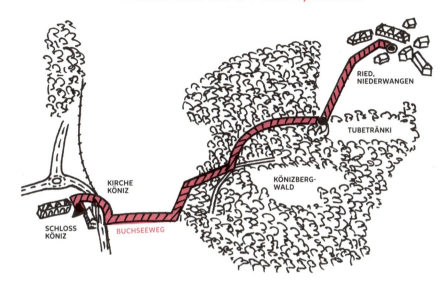

Du bist nun im Kulturhof bei der schattenspendenden Linde. Drehe dich einmal um die eigene Achse und sauge die Eindrücke in dich auf. Entdecke den Schlosshof, das Wöschhuus, den Schaafstall und das Ritterhuus. Ein Ort der Begegnung, ein Ort der Geschichte, ein Ort des Seins.

Verlasse den Platz und betrete die Kirche. Hast du sie bis aufs kleinste Detail erforscht, verlässt du das Gebäude Richtung Kreisel. Gehe die Strasse hinunter und biege links ins Schulhausgässli ab. Du überquerst die Geleise und kommst an einem kleinen, gelb-grünen Häuschen mit Verzierungen vorbei, dem «Guafför Hüsli». Davor befindet sich ein moderner Kreisel mit der dreidimensionalen Inschrift «Köniz». Kleinigkeiten wie diese verleihen Köniz den modernen Touch.

Beim Kreisel folgst du rechts der grossen Landorfstrasse. Zu deiner Linken siehst du eine Vielzahl von Gewächshäusern, die zur darüber liegenden Gärtnerei gehören. Biege links in den Buchseeweg ab, der an der gleichnamigen Wohnsiedlung vorbeiführt. Diese ist ein weiteres gelungenes Beispiel für verdichtetes Bauen. Sicherlich einer der Gründe, weshalb der Schweizer Heimatschutz Köniz 2012 für dessen vorbildliche Entwicklung mit dem Wakkerpreis auszeichnete.

Du kommst an zahlreichen Häusern und Villen vorbei. Im Gegensatz zum

Dorfkern wirkt dieses Quartier sehr naturverbunden. Nach einer Weile überblickst du ganz Köniz mit dem dahinter liegenden Gurten und weite Teile der Stadt Bern.

Sobald du den Waldrand erreicht hast, folgst du links dem Wegweiser Richtung Tubetränki. Der Weg führt lange Zeit der obersten Häuserreihe entlang, ohne in den Wald einzudringen. Nach einer Weile folgst du dem Wanderweg in den Wald hinein und gehst bis zum höchsten Punkt. Zum Glück sind die Pfade gut ausgeschildert – du gehst geradeaus Richtung Tubetränki. Bei der Kurve gehst du weiter geradeaus den steilen Weg hinunter. Er geleitet dich zum Feldrand und zu einer Lichtung, der Tubetränki. Bratwurst, Cervelat und Senf bereit? Mehrere Sitzbänke und Grillstellen warten darauf, benutzt zu werden.

Die Wiese neben dem Wald, das Ried, könnte bald ein neues Gesicht erhalten: Bis 2030 soll hier die Wohnsiedlung

«Papillon» gebaut werden. Mache dem Bauern eine Freude und gehe quer über das Feld zum Ried. Bei der Kreuzung nimmst du den Weg hinunter zur Busstation Niederwangen, Ried.

Hier endet die architektonisch-waldige vierte Etappe. In der nächsten Etappe wirst du den wilden Westen von Bern erkunden – mache dich bereit.

Etappe 5
...

Durch den **Westen** von Bern fegt zurzeit ein **Baudrang**, der an jeder Ecke sichtbar ist. Fast im **Sekundentakt** entstehen hier neue Bauten, die einen einmaligen **Kontrast** zwischen Alt und Neu erzeugen. **Wohn- und Gewerbeflächen** gehen dabei ebenso hervor wie **architektonische Meisterwerke**.

DIE WANDERVOLLE ROUTE

START
Niederwangen, Ried, Buslinie 29 ab Niederwangen

ZIEL
Eymatt bei Bern, Camping, Postauto 101

DISTANZ
8 km

GUT ZU WISSEN
Zahlreiche Grillstellen,
Zeit einrechnen für das Westside

HÖHEPUNKTE

Könizbergwald – Eldorado für Stadtflüchtlinge
Bümpliz – Symbiose zwischen Alt und Neu
Schloss Bümpliz – Garten Eden
Brünnengutpark – hier fühlst du dich einfach wohl
Westside – architektonisches Meisterwerk
Wohnsiedlung Gäbelbach – Grossstadt-Feeling
Gäbelbachtal – kleines Paradies am Rande der Stadt

Etappe 5

...

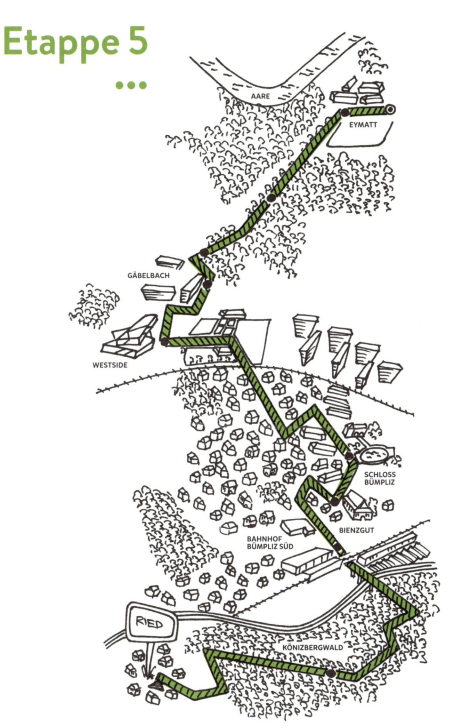

WO HOCHHÄUSER WIE PILZE AUS DEM BODEN SCHIESSEN

•••

Die fünfte Etappe präsentiert sich als Walküre und beginnt mit der Ouvertüre in der Natur: Du startest im Ried, einem Vorort von Bern, und gelangst über den Pfaffensteig in die Tiefen des Könizbergwalds.

Der Hauptakt bringt dich in das städtische Bümpliz-Bethlehem, einem lebendigen Quartier im Westen Berns. Du bewunderst die Architektur des Westside, machst eine kurze Rast beim Le-Corbusier-Platz und sehnst dich erneut nach Grün.

Das fulminante Finale nimmt dich mit in eine pittoreske Naturwelt: Du spazierst durch das romantische Gäbelbachtal, durchdringst auenlandartige Landschaften und erreichst schliesslich die Eymatt, dein Etappenziel.

LOS GEHT'S...

RIED ··· BACHMÄTTELI

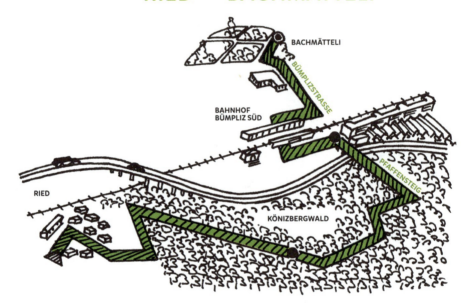

Sehnst du dich nach dem goldenen Westen? Go west und spüre den Puls.

Du beginnst im Ried, einem reizenden Vorort zwischen Niederwangen und Köniz. Von der Busstation Niederwangen, Ried folgst du dem Schürlirain abwärts. Bei der ersten Möglichkeit biegst du rechts in die Brüggbühlstrasse ab und folgst dieser bis ans Ende. Hinter den Feldern erkennst du bereits die mächtigen Bäume des Könizbergwalds. Gehe auf dem Feldweg geradeaus zum Wald und links dem Waldrand entlang bis zur nächsten Wegkreuzung. Folge rechts dem Wanderweg in den Könizbergwald. Er ist ein wahres Eldorado für Stadtflüchtlinge, die an einer Überdosis Grau und Abgase leiden und ihre Lungen mit frischer Waldluft füllen wollen.

Das nächste Wegstück zieht sich in die Länge. Wenn du endlich zur Lichtung kommst, folgst du dem Wegweiser Pfaffensteig, der dich links hinunterführt. Schalte einen Gang zurück, denn der Pfad wird holpriger und abwechslungsreicher. Dank dem regelmässigen Kahlschlag hast du immer wieder tolle Blicke über Niederwangen und Bümpliz.

Beim Pfaffensteig angekommen, folgst du links dem Wanderweg Richtung Bümpliz Süd. Steil geht es hinunter Richtung Zivilisation – im Winter kannst du dich auf einen Schlitten schwingen und die Abfahrt geniessen. Die kleine Brücke geleitet dich auf die andere Seite der Autobahn. Links siehst du das SABA Pfaffensteig, die einzige Strassenabwasser-Behandlungsanlage der Schweiz.

Gehe schnurstracks durch die Unterführung des Bahnhofs Bümpliz Süd – das Schild «nach der Ortschaft» weist dir den Weg. Folge geradeaus der Bümplizstrasse, die von schönen Herrschaftshäusern mit verzierten Quergiebeln und Erkern gesäumt ist.

Nach dem Kreisel machst du links einen kleinen Abstecher in die Wangenstrasse. Du gelangst sogleich zum «Gfeller-Stöckli» – einem Überbleibsel des Statthalter-Bauerngutes. Der 1792 erbaute Wohnstock wird heute als Tagesschule genutzt. Auf der gegenüberliegenden Seite befindet sich die ehemalige Sekundarschule Bümpliz aus dem Jahre 1909.

Du gehst zurück zur Bümplizstrasse und folgst ihr bis zur Kreuzung Glockenstrasse, wo du nach links abbiegst. Schon nach wenigen Schritten schreitest du rechts durch ein Tor in einen unscheinbaren Park. Über den plätschernden Stadtbach gelangst du zum Bachmätteli.

BACHMÄTTELI ··· WESTSIDE

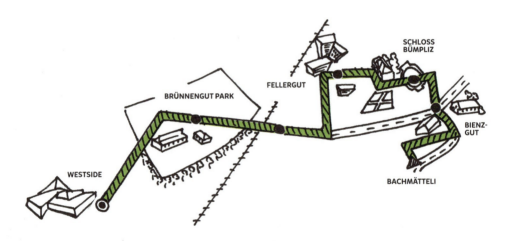

Von der Bushaltestelle aus gehst du ein paar Schritte nach rechts und gelangst links in die Bümplizstrasse, die sich als Flaniermeile präsentiert. Folge ihr, bis du zu deiner Rechten den Gasthof zum Sternen siehst. In diesem klassischen, heimelig eingerichteten Restaurant fühlst du dich wie zu Hause. Sowohl die familiäre Atmosphäre als auch das angenehme Interieur tragen zu deinem Wohlbefinden bei. Die Küche beeindruckt durch traditionelle Gerichte und aktuelle Klassiker. Jeder Teller ist eine wahre Gaumenfreude.

Gehe weiter geradeaus – nur wenige Schritte weiter kommst du zu einem spannenden Geschäft.

TIPP
GANESHA – energiegeladene Edelsteine

Die unzähligen Edelsteine in allen Grössen, Formen und Farben wirken wie Energiefelder und inspirieren – fast möchte man wissen, welche Geschichten sie erzählen können. Im Ganesha brillieren die handgefertigten Edelsteinketten, es erstrahlen die mit viel Liebe geschaffenen Schmuckbilder. Auch die riesige Auswahl an Räucherstäbchen in allen erdenklichen Farben und Düften macht den Besuch im Ganesha zum wahren Erlebnis. Überzeuge dich selbst von den positiven Schwingungen in diesem herzlichen Lädeli.

Gehe zurück zum Gasthof zum Sternen, wo dir die Sterne den Weg weisen. Folge links dem Stärnewägli, das dich zur

Kirche Bümpliz bringt. Du befindest dich im alten Dorfkern von Bümpliz. Rund um die Kirche stehen noch heute prächtige Bauernhäuser und Spycher. Die reformierte Kirche befindet sich auf dem Areal einer ehemaligen Villa rustica aus dem 2. Jahrhundert.

Gehe hinauf zur weissen Kirche und umrunde sie gegen den Uhrzeigersinn. Du gelangst zum Bienzgut. Die Wurzeln dieses kleinen Juwels reichen ebenfalls bis ins 2. Jahrhundert zurück. Es schrieb Geschichte als Gutshof der Königin Bertha und wurde 1998 zu einem modernen Quartierzentrum mit Bibliothek umgestaltet. Ein schönes Beispiel, wie Alt und Neu harmonisch aufeinandertreffen können.

Auf dem modernen Kreisel vor dir stand einst der Dorfbrunnen, den Bümpliz zum Anlass der Eingemeindung von der Stadt Bern geschenkt bekommen hat. Fast wollten die Bümplizer dieses Geschenk der Stadt zurückgeben – sie hatten das Warten auf die Tramverbindung satt. Nach langer Zeit wurde ihr Wunsch jedoch erfüllt: Heute rauschen hier rote Trams vorbei. Der Brunnen steht noch immer da – er wurde lediglich ein paar Meter nach rechts versetzt. Er weist dir den Weg in die Keltenstrasse, der du bis zur Hausnummer 98 folgst. Gehe links über den Parkplatz durch ein kleines Gartentor.

Der Garten Eden liegt dir zu Füssen: Der Schlosspark präsentiert sich wie ein Überbleibsel aus einer längst vergangenen, prunkvollen Zeit. Ein prächtiger Weiher mit Springbrunnen, ein Wassergraben, alte Bäume und im Hintergrund das herrschaftliche Schloss – einfach grossartig! Lange Zeit war der Park der Öffentlichkeit verschlossen. Im 18. Jahrhundert durfte hier nur der Landvogt von Aarberg lustwandeln. Rund hundert Jahre später beherbergte das Schloss ein Heim für Geisteskranke, dann ein Erziehungsheim für ungezogene Knaben. Letzteres ist als «Löffelschlyffi» in die

Bümplizer Dorfgeschichte eingegangen. Bevor du den Park verlässt, ist Dolcefarniente im Rosengarten angesagt.

Nach den Schlössern befindest du dich erneut auf der Bümplizstrasse. Überquere sie und folge nach dem Parkplatz dem weissen Wegweiser Richtung Fellerstock. Ein von Bäumen gesäumter Weg führt dich zwischen Hochhäusern hindurch, die den Himmel küssen. Der Kontrast zum herrschaftlichen Fellerstock ist unübersehbar und berauscht deine Sinne.

Therese, 69, Einwohnerin Bümpliz: «In den 60er Jahren zog ich als junge Frau in den Westen von Bern. In diesem Stadtteil mit dem schönen Dorfkern und den nahe gelegenen Erholungsgebieten fühlte ich mich schnell wohl. Mit den Jahren hat sich hier vieles grundlegend verändert: Es entstanden grosse Quartiere sowie moderne Einkaufszentren, und eine multikulturelle Gemeinschaft hat sich niedergelassen. Mit gegenseitiger Akzeptanz und einer positiven Einstellung gegenüber Veränderung lässt es sich heute hier besser leben denn je.»

Gehe links am Fellerstock vorbei und verlasse ihn durch das Haupttor. Dein Weg führt dich links zur Kreuzung und geradeaus der Heimstrasse entlang. Biege rechts in die Brünnenstrasse ab und folge ihr bis zum Bahnübergang.

Auf der anderen Seite der Geleise betrittst du ein neues Quartier: Bethlehem. Betrete den neugestalteten Park Brünnengut, der vor dir erstrahlt und mit einem alten, barocken Landsitz mit Primelgarten aufwartet. Der Park ist eine Symbiose zwischen Geschichte, Natur, Sport und Urbanität. Die schlanken Hochhäuser im Hintergrund gehören zur Siedlung Tscharnergut, einer wegweisenden Satellitenstadt der Nachkriegszeit, die zu dieser Zeit schweizweit ein Novum war. ⓦ

Gehe links an den Neubauten des Brünnenquartiers vorbei zum Einkaufszentrum Westside. Es ist ein weiterer Beweis dafür, dass sich Bethlehem zu einem trendigen und pulsierenden Stadtquartier entwickelt. Schlängle dich durch die Quartierwege zum sagenumwobenen Westside – einem Paradies für Flanierer, Geniesser und Stauner. Es wurde von Stararchitekt Daniel Libeskind geplant, der auch das World Trade Center in New York entworfen hat. Um zum Haupteingang zu gelangen, folgst du links den Tramgeleisen bis zum grossen Platz.

Roger, 23, und Dennis, 28, Bewohner Westside: *«Wir vergleichen das Leben im Westside mit einem Aufenthalt in einem Ferienresort. Nach einem anspruchsvollen Arbeitstag geniessen wir die thailändischen, italienischen oder japanischen Köstlichkeiten in einem der vielen Restaurants. Wir erholen uns im Wellness, werden verwöhnt im Spa-Bereich oder vertreiben mit einer schweisstreibenden Workout-Session im Fitness den Alltagsstress. Eigentlich muss man das Resort gar nie verlassen – es lebt sich hier wie auf einer Insel. Wir alle sind Robinson Crusoes der neuen Generation.»*

WESTSIDE ••• EYMATT

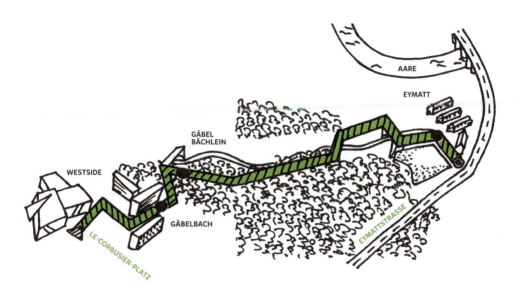

AHA!
Gäbelbach

Mit der Fertigstellung des Gäbelbachs wurden Ende der 60er Jahre rund 3300 Menschen auf engem Raum zusammengewürfelt. Sie waren so verschieden wie Tag und Nacht und doch verband sie dasselbe Schicksal. Schweizer, Italiener und Türken fingen an sich zu treffen und bildeten Interessengruppen vom Kerzenziehen bis zum Skifahren. Über die Jahre bildete sich eine Gemeinschaft, die Platz bietet für jeden – unabhängig von der geistigen oder religiösen Herkunft.

Hast du dir genügend Zeit für das Westside genommen, kannst du den Komplex über denselben Eingang verlassen. Überquere den Platz und gehe links die Ramuzstrasse hinunter zum Le-Corbusier-Platz – ein grandioser Ausblick auf Riedern begleitet dich dabei. In dieser Gegend sind viele Strassen nach bekannten Künstlern benannt; halte Ausschau nach weiteren Berühmtheiten. Folge dem Platz, bis du links in eine moderne gedeckte Passage einbiegen kannst, die dich zu den Pforten der Gäbelbach-Siedlung bringt. Die Treppen befördern dich in das Herz der Gäbelbachsiedlung – eine charakteristische Siedlung aus den 60er Jahren mit drei weitgehend identischen, von Le Corbusier entworfenen Wohnblöcken. ⓦ

Gehe rechts vom Hochhaus die Treppen hinunter und überquere den Rasen Richtung Waldrand. Du gehst den Gäbelbachweg hinunter ins Tobel und erreichst den Gäbelbach, dem die Siedlung ihren Namen zu verdanken hat. Unten angekommen, sorgen gackernde Hühner und blökende Ziegen für eine zoologische Belustigung. Strebst du nach historischem Wissen? So schreite zur Napoleonbrücke. Laut der Überlieferung transportierten die französischen Truppen 1798 den bernischen Staatsschatz über diese Brücke und finanzierten damit Napoleons Ägyptenfeldzug.

Folge dem Wanderweg Richtung Eymatt. Typisch wandervoll: Eben war es noch urban und nur wenige Schritte weiter begegnest du zirpenden Grillen und plätscherndem Wasser. Du folgst ein gutes Stück dem natürlichen Verlauf des 16 Kilometer langen Gäbelbachs. Die bezaubernde Flusslandschaft entführt dich in eine filmreife Märchenwelt und lässt dich den Alltag vergessen. Das Wasser rauscht und dichte Alleen wechseln sich ab mit Lichtungen – ein Ort, an dem die Welt noch in Ordnung ist. Unterwegs kannst du bei einer der zahlreichen Sitzmöglichkeiten Halt machen und die Natur geniessen. Hast du Hunger, kannst du bei den Grillstellen deine Wurst über das Feuer halten.

Gehe zwischen den Buchen und Fichten hindurch und schon bald gelangst du zum ersten Gefälle des Tals. Durch eine kleine Unterquerung wird Wasser auf die östliche Seite des Wanderwegs befördert. Das ist der einzige Ort, an dem der Gäbelbach kanalisiert wurde.

Nach einer Weile verzweigt sich der Weg und du schlägst den linken Pfad über die hölzerne Brücke ein. Er führt dich

AHA!
Kleines Paradies am Rande der Stadt

Die Eymatt ist ein kleines Erholungsgebiet am westlichen Stadtrand von Bern. Ihre einzigartige Lage zwischen dem Grossen Bremgartenwald, der Aare und dem Wohlensee machen sie zu einem beliebten Ausflugs- und Campingort der Berner. Auch wenn das Antlitz der Eymatt demjenigen eines kleinen Schweizer Dorfes ähnelt, bemerkst du auch hier erste Zeichen der Urbanisierung. So wurden in den letzten Jahren einige moderne Eigentumswohnungen gebaut. Das hiesige Leben vereint komfortable Stadtnähe mit idyllischer, naturnaher Umgebung.

wieder ans Licht – du folgst dem Waldrand zwischen Cholgruebewald und Eichholz. Nach etwa 100 Metern geht der Wald zu deiner Rechten etwas zurück und die Wiese wird breiter. Schon bald erkennst du die ersten Häuser der Eymatt, deines Ziels. Du überquerst zum letzten Mal den Bach und dringst tief ins Innere des Dorfs ein. Alte Bauernhäuser wechseln sich ab mit modernen Wohnhäusern.

Die Wegweiser mit dem Buslogo begleiten dich durch das familiäre Quartier bis zur viel befahrenen Eymattstrasse und der Busstation Eymatt bei Bern, Camping – deinem Etappenziel. Die fünfte Etappe nimmt damit ein Ende; du bist in der Hälfte des Buches angelangt. Freue dich auf die zweite – sie hält mindestens ebenso viele Überraschungen bereit wie die erste.

Etappe 6

...

Bern ist mitten in einem demografischen **Aufschwung**. Neue **Quartiere** entstehen und machen die **Modernisierung** in der ganzen Stadt sichtbar. Zuflucht finden die Berner an **Erholungsorten** wie dem Grossen **Bremgartenwald**, die für eine nachhaltige **Lebensqualität** sorgen.

DIE WANDERVOLLE ROUTE

START
Eymatt bei Bern, Camping, Postauto 101

ZIEL
Neufeld P+R, Buslinie 11

DISTANZ
8 km

GUT ZU WISSEN
Bademöglichkeiten, Grillstellen im Wald,
Zeit für Bremgartenfriedhof einrechnen

HÖHEPUNKTE

Kappelenring – Seeleben
Bremgartenwald – Stadtflucht für Städter
Weyermannshaus – Freibad für alle
Europaplatz – urbanes Zentrum inmitten von Schrebergärten
Friedenskirche – Zitadelle des Friedens
Inselspital – die Insel der Heilung
Bremgartenfriedhof – die letzte Ruhestätte
Gymnasium Neufeld – kecke Mädchen und Knaben

Etappe 6

•••

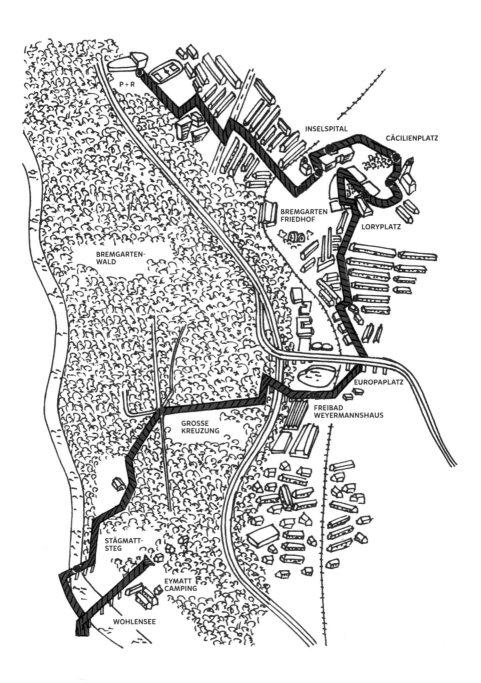

BERN FORSTET AUF

•••

Die sechste Etappe beginnt in der Eymatt, dem beliebtesten Erholungsgebiet der Berner. Du schlenderst durch den Bremgartenwald und kühlst dich im Freibad Weyermannshaus ab. Über Quartierpfade und an Schrebergärten vorbei gelangst du mitten ins Herz Europas, zum neuen Europaplatz.

Während einer Gebetsstunde in der Friedenskirche sammelst du Kräfte für das Inselspital und den Bremgartenfriedhof. Der Schlussspurt führt dich über das Gymnasium Neufeld zum P+R Neufeld, deinem Etappenziel.

LOS GEHT'S...

EYMATT ⋯ WEYERMANNSHAUS

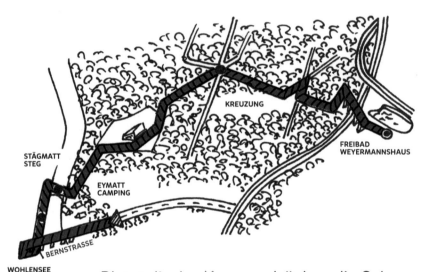

Platzt dir der Kragen, drücken die Schuhe? Wage diese Etappe, sie bringt dich zur Ruhe.

Nach der langen Busfahrt durch den dichten Wald erreichst du die Haltestelle Eymatt bei Bern, Camping. Hier beginnt die sechste Etappe. Gehe weiter in Fahrtrichtung auf die Brücke hinaus.

Hier wird dir klar, weshalb das Gebiet um den Kappelenring und den Wohlensee alles andere als langweilig und grau ist. Nur die Betonbauten aus den 70er Jahren stören diese Idylle, aber gerade solche Kontraste machen die wandervollen Städtewanderungen aus.

Die vorbeifliessende Aare wird bereits zum Wohlensee gezählt. Auf der rechten Seite erkennst du einen Steg, dein nächstes Ziel. Nach der Brücke geleitet dich links wahlweise eine steile Treppe oder ein weniger steiler Weg hinunter zum Flussufer. Ein herrliches Schaubild: die massiven Bögen der Brücke, das klare Wasser und die hohen Bäume des Bremgartenwalds.

Dank der schwachen Strömung eignet sich diese Stelle für einen Sprung ins Wasser. Über den Stägmatt-Steg gehst du zurück zum südlichen Ufer, wo sich der Ruderklub von Bern befindet.

Nicolas Dussex, Tierflüsterer: «*Als ich Biologie studierte, musste man weit reisen, um in der Schweiz Frassspuren von Bibern zu finden. Freilebende Tiere zu sehen, galt als ausgesprochener Glücksfall. Heute fallen einem aufmerksamen Aare-Spaziergänger die angenagten Bäume auch mitten in der Stadt auf. Nicht nur hier am Wohlensee kann man die kleinen Nager antreffen. Seit den Hochwassern 1999 und 2005, als mehrere Biber aus dem Tierpark Dählhölzli entweichen konnten, haben sich die Tiere entlang der Aare zwischen Thun und Bern angesiedelt und vermehren sich prächtig. So kann es durchaus sein, dass man beim abendlichen Aareschwumm plötzlich einem Biber begegnet. Kein Wunder, denn die Tiere hausen ja auch direkt im Marzilibad!*»

Bei der Kreuzung folgst du dem Wanderwegzeichen Richtung Güterbahnhof. Diese Strasse bildet den Fahrradweg bis zur Länggasse. Sie ist für den motorisierten Verkehr gesperrt, wodurch nicht nur das Wandern, sondern auch die Velofahrt zum Vergnügen wird. Nach einer Weile weist ein Wanderwegzeichen rechts in den Wald hinein. Ignoriere es und gehe weiter geradeaus. Bei der nächsten Möglichkeit gehst du rechts zur Lichtung. Weiter vorne erkennst du ein allein stehendes Haus, dein nächstes Ziel. Daneben befindet sich ein kleines Pumpwerk, das ebenfalls sehenswert ist. Nun wird es Zeit, in die waldigen Tiefen

AHA!
Rückeroberung der Natur

Der Bremgartenwald am nördlichen Rande der Stadt ist einer der grössten Trümpfe Berns. Zahlreiche Wanderpfade und Velowege machen ihn zum Traumland der Musse. Durch die Entwicklung der Region Bern wurde das Projekt «Waldstadt Bremer» ins Leben gerufen, das eine teilweise Waldrodung und die Erbauung einer Wohnfläche für bis zu 8000 Personen vorsieht. Zusätzlich würde die Autobahn überdeckt, wodurch der Bremgartenwald direkt an die neue Siedlung angrenzte. Erst wenn alle Skeptiker überzeugt sind und sich eine klare Mehrheit für das Projekt ausgesprochen hat, darf mit den Bauarbeiten begonnen werden.

des Bremgartenwalds einzudringen! Wähle den steilen Weg zwischen Bauernhaus und Pumpwerk. Langsam, aber sicher gewinnst du an Höhe und erreichst den Kulm des Walds. [w]

Die breite Strasse wirkt hell und ruhig. Weiter vorne gelangst du an DEN Knotenpunkt im Wald – ganze sechs Wege kommen hier zusammen. Hier musst du einem der Wege folgen, der nicht ausgeschildert ist (siehe Groggi). Da du sicher zur natürlichen Ruhe gefunden hast, kannst du dem Pfad entlang «schnäggele». Bald kommen zwei Wege zusammen und du erreichst einen grösseren Kieselweg. Hier gehst du wenige Schritte nach rechts, um links Richtung Autobahn zu gehen. Am Ende des Wegs biegst du links ab und erreichst eine Autobahnbrücke. Auf der anderen Seite erblickst du dein nächstes Ziel, das Freibad Weyermannshaus. Die Stöckackerstrasse bringt dich an der Eishalle und dem Hallenbad und schliesslich am grossen Freibad vorbei: ein

überproportionales Schwimmbecken samt Insel, gross wie ein See für jedermann. Es ist ist das grösste Freibad der ganzen Schweiz und mit dem über 18'000 Quadratmeter grossen Becken das grösste künstliche Bad Europas. [w]

WEYERMANNSHAUS ··· INSELKAPELLE

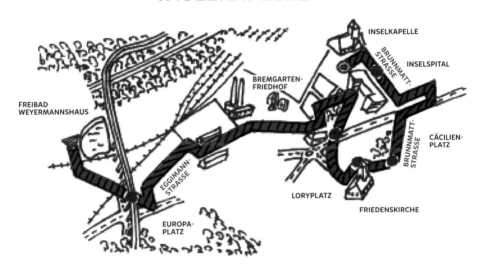

Nach der Erfrischung ziehst du am Zaun der «Badi» vorbei, bis die Strasse die Zuggeleise unterquert. Hier gehst du links und gelangst kurz darauf rechts in die Schrebergärten.

Jev, 23, Autor von wandervoll: *«Es geschah, als wir die Route für unsere sechste Etappe abliefen: Fünf oder sechs Männer sassen gemütlich an einem Tisch in diesem Schrebergarten, als uns die Idee kam, sie über diesen Ort zu befragen. Zu unserem Erstaunen wurden wir sofort zu Tisch gebeten und mit Speis und Trank überhäuft! Viele von ihnen beherrschen die deutsche Sprache nicht, also wurde mit Händen und Füssen kommuniziert. Wir fühlten uns von Anfang an willkommen und erlebten einen der schönsten Momente unserer Wanderung.»*

Am Ende der Gärten erreichst du den Bahnhof Ausserholligen, der aus zwei Teilen besteht. Je nach Strecke halten die Züge hier im Bahnhof Ausserholligen SBB oder etwas weiter vorne im tiefer gelegenen Bahnhof Ausserholligen GBS. Husche durch die Unterführung, die dich zwischen den Autobahnpfeilern hindurch zum Europaplatz bringt. Hier zeigt Bern seine grossstädtische Seite: Umgeben von zahlreichen Zugstrecken und dem massiven Autobahnviadukt fühlst du dich wie in einer Metropole.

Hier siehst und fühlst du die Modernisierung. Das Projekt «Zentrum Europaplatz» entwickelt sich zum neuen Herz des Quartiers. Bis Ende 2014 entsteht hier ein riesiges Zentrum mit Wohnungen, Shops und zahlreichen Büros.

Folge links der Freiburgstrasse, bis du links in den Ladenwandweg abbiegen kannst. Bei der zweiten Kreuzung gehst du rechts in die Bahnstrasse und folgst ihr bis ans Ende. Etwas weiter links betrittst du die Eggimannstrasse. Das Quartier nimmt wieder traditionelle Formen an – Familienhäuschen und Gärten zieren den Weg. Am Ende des Wegs triffst du auf die Steighubelstrasse und folgst ihr rechts bis zur Alterswohnsiedlung. Zwischen den Gebäuden führt dich ein Pfad erneut hinunter zur Freiburgstrasse. Zu deiner Linken erscheint ein grosses Fussballfeld und weiter vorne dominieren die hohen Kamine der Kehrichtverbrennung. Hier wird Berns «Ghüder» verbrannt – deine ausgelatschten Wanderschuhe kannst du hier loswerden.

AHA!

Wasser statt Wein schenk ich dir ein

Die vermögende Bernburgerin Anna Seiler erlebte die Pest mit eigenen Augen. Unzählige Kranke hat sie damals im Spital vor den Predigern betreut und in den Tod begleitet. Dieses Erlebnis hat sie dazu motiviert, das heutige Inselspital zu gründen. Ihr haben viele Menschen das Leben zu verdanken, nicht zuletzt, weil sie den Patienten nebst Wein auch sauberes Wasser verordnete – eine Revolution in der Schweiz. Dieser Akt wird am Anna-Seiler-Brunnen symbolisch dargestellt.

Kurz nach dem Verbrennungsgelände zweigst du rechts in den Federweg ein. Bunte Dekorationen und kleine Tische und Stühle schmücken die Gasse – bist du in Bern oder in einem kleinen Städtchen am Mittelmeer? Am Ende überquerst du die Strasse und betrittst das gegenüberliegende Areal des Anna-Seiler-Hauses.

Du verlässt den Park am oberen Ende und folgst rechts erneut der Freiburgstrasse. Vor dir erscheint ein modernes Gebäude mit abgestuften Mauern – die Universitätsklinik für Frauenheilkunde. Gehe an ihr vorbei nach unten, bis du den Loryplatz erreichst. Quartieranlässe, neue Läden und der Wochenmarkt erwecken dieses vorgängig vom Durchgangsverkehr genutzte Quartier zum Leben.

Auf der gegenüberliegenden Strassenseite betrittst du die Zwyssigstrasse. Gehe hoch, bis du links die friedliche Friedenskirche erblickst. Biege links in die Strasse ein und umkreise die Kirche bis zur monumentalen Treppe, die zum Eingang führt. Ehrfürchtig stehst du vor dem in die Höhe ragenden Kirchturm, der dem sonst so ruhigen Quartier seinen mächtigen Charakter verleiht.

Verlasse den Kirchplatz über den Kirchbühlweg, der dich zum innerstädtischen Cäcilienplatz führt. Hier führt eine Treppe zum versteckten Spielplatz Cäcilientreff. ⓦ

Geniesse die friedliche Stimmung, bevor du weiter zur Brunnmattstrasse gehst. Begleitet von Autos und dem Tram, gehst du hinunter zur lärmigen Schwarztorstrasse. Folge ihr rechts bis zur Kreuzung Zieglerstrasse, wo das «Showroom» auf dich wartet.

> **TIPP**
>
> ## Showroom – Caffè mal anders
>
> **Hier im Showroom bekommst du den besten Caffè in ganz Bern. Die Inhaberin Rahima beweist, dass man mit wenig viel erreichen kann. Die authentischen italienischen Produkte lassen dich für einen Augenblick vergessen, dass du in der Schweiz bist. Die entspannte Atomsphäre und die pfiffigen kulinarischen Eigenkreationen verleihen auch dir das Gefühl, die Welt sei noch in Ordnung. Ein Besuch im Showroom bleibt in Erinnerung und bestätigt jedes Mal aufs Neue: «klein, aber fein».**

AHA!
Insel der Heilung

Das Universitätsspital Bern, umgangssprachlich «die Insel» genannt, ist mehr als nur ein Spital. Neben den rund 7200 Mitarbeitern beschäftigt die Institution jährlich 600 Medizinstudenten, um das Kontingent an kompetentem Personal aufrechtzuerhalten. Durch die enge Zusammenarbeit mit der Universität Bern kann synchronisierte und effiziente Forschung betrieben werden. In vielen Fachbereichen darf sich die Insel rühmen, weltweit führend zu sein.

Folge der Zieglerstrasse bis zur nächsten Kreuzung. Gehe links in die Gartenstrasse und den historischen Gebäuden entlang bis ans Ende. Biege rechts in die Brunnmattstrasse ein und gehe bis zur Kreuzung Freiburgstrasse hoch. Du befindest dich im Kern des Inselspitalareals. Gehe links zur roten Infobrücke – sie versorgt dich mit interessanten Informationen über die Geschichte und das Geschehen im Universitätsspital. Nimm alles genau unter die Lupe! 🔍

AHA!
Rückzug auf die Insel

Die rund 100-jährige Inselkapelle hat in den letzten Dekaden eine starke Wandlung durchgemacht. Wo früher das Evangelium verkündet wurde, werden heute – dank einer raffinierten Sanierung – Gebete gesprochen, Rituale vollzogen oder einfach nur die innere Ruhe gesucht. Nicht nur Patienten besuchen die Kapelle, sondern auch Angestellte und Besucher. Hier sind alle herzlich willkommen.

Vollgetankt mit medizinischem Wissen, gehst du zurück zur Kreuzung und folgst links der Freiburgstrasse nach oben. Nach der Linkskurve gehst du am Hintereingang vorbei, wo täglich Hunderte von Lastwagen andocken, um das Spital zu versorgen. Vielleicht entdeckst du hier einen gestressten Arzt oder eine übermüdete Krankenschwester, die in Eile eine Zigarette verschlingen. Gehe weiter und du erkennst rechts den ruhenden Pol des Areals: die Inselkapelle.

INSELKAPELLE ••• NEUFELD

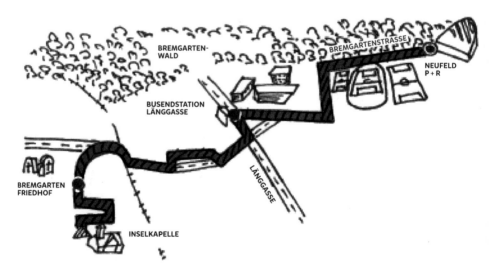

Nach dem Besuch dieses heiligen Orts folgst du auf der anderen Seite der Kapelle rechts der Friedbühlstrasse. Bei der Kreuzung gehst du nach links, um auf der Friedbühlstrasse zu bleiben. Zu deiner Rechten beginnt der Bremgartenfriedhof, dein nächstes Ziel. Betrete die Ruhestätte bei der ersten Möglichkeit und entdecke einen idyllischen Ort der Ruhe mit Bäumen, Blumen und verzierten Grabsteinen. Durchquere die Anlage Richtung Norden und lasse deiner Träumerei freien Lauf.

Verlasse die Begräbnisstätte rechter Hand Richtung Kreuzung Bahnstrasse/Murtenstrasse. Überquere die Murtenstrasse und die Bahngeleise mittels Steinbrücke und folge rechts der Waldheimstrasse. Bei der zweiten Kreuzung biegst du links in die Sahlistrasse ab. Gehe hinter dem Gebäude rechts in den Wachtelweg und folge diesem bis zur Kreuzung Freiestrasse. Gegenüber lädt dich das Restaurant Waldheim zu einem lukullischen Zwischenstopp ein.

> TIPP
> ## Restaurant Waldheim – die Lichtung der Gastronomie
> Das Restaurant Waldheim ist der ideale Ort für einen gelungenen kulinarischen Zwischenhalt. Der Name ist auf ein altes Landgut zurückzuführen, das an derselben Stelle stand. Die Bistroküche der Geschäftsführerin Regula Minder verführt die Gäste immer wieder aufs Neue. Im gemütlichen Ambiente der Quartierbeiz kannst du deinen Gaumen mit gehobenen französischen Gerichten verwöhnen. In den Sommermonaten lädt zusätzlich eine idyllische Terrasse zum Verweilen an der Sonne ein.

Nach dem Besuch im Waldheim folgst du links der Waldheimstrasse, bis du die lange Länggasse erreichst. Gehe links zur Endstation der Buslinie 12. Hinter dem Häuschen der Busstation bringt dich eine kleine Treppe zur Kreuzung Bremgartenstrasse. Gehe weiter, bis du einen Parkplatz erreichst. Hier beginnt der Muraltweg, dem du nach links folgst. Ziehe am Tierspital vorbei, bis du rechts in den Vorhof einer Primarschule einbiegen kannst. Die eiserne Skulptur eines Pferds weist dir den Weg. Gehe links zwischen den Gebäuden hindurch. Vor dem Sportplatz biegst du erneut links in den Muraltweg und folgst ihm nach rechts. Nach etwa 100 Metern betrittst du links den Vorhof des Gymnasiums Neufeld. Zu deiner Linken erkennst du einen Bienenstock mit wunderbarer Bemalung. Gehe zum Gebäude und hinauf auf den Balkon. Schreite hinter das Gebäude, bis du die grosse Bremgartenstrasse erreichst. Folge ihr rechts am alten Stadion Neufeld vorbei. Bei der Kreuzung befindet sich das P+R Neufeld – das grösste seiner Art in Bern.

Nina, 21, Schülerin Gymnasium Neufeld: *«Das Schulhaus Neufeld ist bemerkenswert. In jeder Pause stellen sich die Schüler auf den sich gegenüberliegenden Geländern auf, um sich gegenseitig zu beobachten. Was sie sich dabei denken mögen? Das Schulhaus selber besteht aus grauen, kargen Betonblöcken. Erst die Schüler bringen mit ihren bunten Kleidern Farbe in das Ganze. Der tägliche Sport wird hier mit dem Treppensteigen ausgeübt: Wer sein Schulkästchen zuoberst hat und sich gerade zuunterst befindet, darf vier Stockwerke hinaufzotteln. Angenehm finde ich die grossen Schiebefenster, die die Schulzimmer mit Licht fluten. Wann immer ich ein paar Sekunden Zeit habe, gehe ich ganz hinauf zur Dachterrasse. Hier kann ich frische Luft schnappen und profitiere auch gleich von einem wundervollen Ausblick über ganz Bern.»*

6

An dieser Stelle endet die sechste Etappe. Hat sie ihr Versprechen gehalten? Bist du zur Ruhe gekommen? Dann los zur siebten Etappe, die Aare wartet bereits auf dich.

Etappe 7
...

Die grüne Aare schlängelt sich durch die Stadt Bern. Sie passt zu Bern wie die Sahne zum Kaffee und prägt sowohl das Stadtbild als auch die Atmosphäre. Sie verleiht der Stadt ihren unverkennbaren Charme. Der reissende Fluss hat aber nebst vielen Vorteilen auch seine Schattenseiten und birgt Gefahren wie Hochwasser und Erdrutsche.

DIE WANDERVOLLE ROUTE

START
Neufeld P+R, Buslinie 11

ZIEL
Länggasse, Universität, Buslinie 12

DISTANZ
8.5 km

GUT ZU WISSEN
Zahlreiche Bademöglichkeiten in der Aare

HÖHEPUNKTE

Viererfeld – die viel zu lange Debatte
Neubrügg – die alte Neue
Aare – der Ursprung von Brenodor
Kirche Bremgarten – kleines Paradies auf der Halbinsel
Zehendermätteli-Tunnel – dein Tunnelblick
Autobahn-Viadukt – Nadelöhr in 60 Metern Höhe
Weltkriegsdenkmal – Bern und die Weltkriege
Innere Enge – die Flaniermeile
Uni Tobler – wo Schokolade Geschichte schrieb

Etappe 7

...

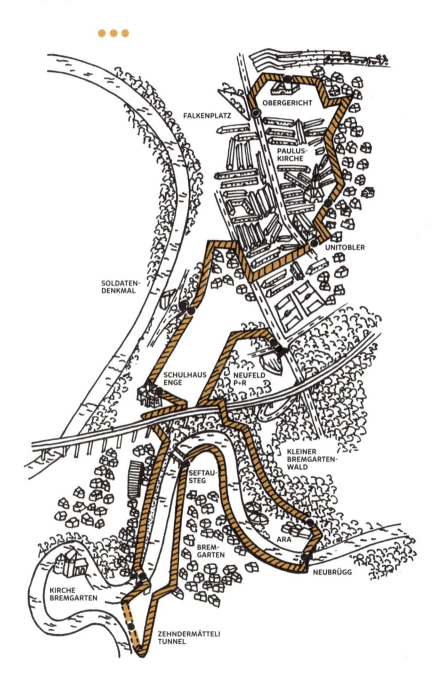

AN DER GRÜNEN AARE

...

Auf dieser Etappe hat die Aare die Oberhand: Du begegnest ihr regelmässig und siehst sie aus verschiedenen Blickwinkeln. Du startest im Neufeld und gelangst über das Viererfeld hinunter zur ARA und zur Aare. Über die alte Neubrügg gehst du dem Fluss entlang bis nach Bremgarten.

Nach einem Abstecher zur malerischen Kirche bringt dich der strategische Zehendermätteli-Tunnel zum Kraftwerk, wo dich der steile Wanderweg zur Enge hochgeleitet. Du flanierst auf der Engestrasse und durchkreuzt die Länggasse, bevor du durch das Stadtbachquartier – eines der schönsten Viertel von Bern – zum Etappenziel, dem Falkenplatz, gelangst.

LOS GEHT'S...

NEUFELD P+R ···
KRAFTWERK FELSENAU

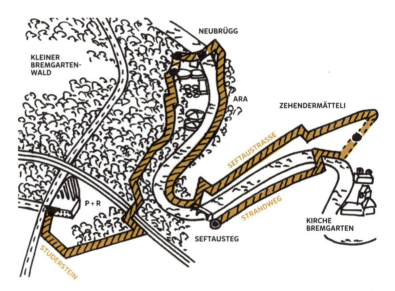

Willst du wissen, was die Aare so einzigartig macht? Lass dich treiben und werde eins mit ihr!

Die siebte Etappe beginnt am nordwestlichen Rand der Stadt, bei der Bushaltestelle Neufeld, P+R. Für dich wäre wohl P+H, park-and-hike, zutreffender.

Bei der Kreuzung erkennst du ein Wanderwegzeichen – folge ihm Richtung Äussere Enge. Hast du die Bergausrüstung dabei? Dein Weg führt dich zum Studerstein, der Pionierbergsteigern und Initianten des Schweizer Alpen Clubs gewidmet ist.

Am Ende der Lichtung gehst du links bis zur Kreuzung und erreichst das weite Viererfeld. Kinder kommen hier nicht zu kurz: Beim Abenteuerspielplatz gilt für die kleinen Bengel das Motto: spielen, schreien, Spass haben! Gehe dem Viererfeld entlang Richtung Schrebergarten. Die Verhandlungen über das Schicksal des Felds dauern schon eine halbe Ewigkeit. Geplant ist eine Wohnüberbauung für rund 3000 Personen, was die ganze Gegend markant verändern würde. Bis die Streitigkeiten beendet sind, wird noch viel Wasser die Aare hinunterfliessen.

Am Ende des Felds erkennst du das schlossartige Schulhaus Enge, das an Hogwarts erinnert. Vielleicht wartet Harry Potter mit seinem Zauberstab auf dich und lädt dich zu einem Ritt auf seinem Besen ein.

Ziehe am Sportplatz vorbei, bis du die Studerstrasse erreichst. Links siehst du eine Fussgängerbrücke über der Autobahn, dein nächstes Ziel. Ewig rauscht der Verkehr auf der pulsierenden Lebensader des 21. Jahrhunderts. Auf der anderen Seite erreichst du den kleinen Bremgartenwald und folgst dem Wanderwegzeichen Richtung Neubrügg. Der Pfad folgt grösstenteils der Böschungskante. Achtung Absturzgefahr: das Bier erst unten öffnen! Kahlschläge ermöglichen dir erste Blicke auf die tief eingeschnittene Aare und das gegenüberliegende Bremgarten. ⓦ

In mehreren Schlaufen geht es langsam zur Aare hinunter. Riechst du es? Stinkt es? Hier in der städtischen ARA

AHA!
Wo Brenodor seinen Ursprung hat

Bern ohne Aare wäre wie Eis ohne Sahne. Das wussten bereits die Kelten, als sie sich hier niederliessen und das ursprüngliche Bern «Brenodor» gründeten. Der Name Aare stammt aus jener Zeit und leitet sich von «ora» ab, was auf Keltisch «fliessendes Wasser» bedeutet.

Bern-Neubrügg wird das Abwasser und der Klärschlamm von Berns Haushalten gereinigt. Gehe bei der Lichtung Richtung Stuckishaus und du kommst zur Neubrückstrasse. Folge dieser rechts an der ARA vorbei Richtung Aare.

Am Flussufer sticht die alte, überdachte Holzbrücke ins Auge, die Neubrügg. Altbrügg würde als Name besser passen, da sie aus dem 16. Jahrhundert stammt und die älteste erhaltene Holzbrücke im Kanton Bern ist. Früher war sie eine wichtige Zollstelle zwischen Bern und Bremgarten. Betrete die finster wirkende Brücke durch das Tor. Die Unebenheiten sowie die seitlichen Lichtstrahlen sorgen für eine spezielle Atmosphäre. Schaust du nach links, erkennst du eine grosse Bogenbrücke, die Halenbrücke. Sie wurde 1991 erbaut, um einerseits die Neubrügg zu entlasten und andererseits die nördliche Agglomeration besser zu erschliessen.

Am anderen Ende der Brücke befindest du dich auf dem Boden der Gemeinde Bremgarten. Die Geschichte Bremgartens reicht bis etwa ins Jahr 1000 zurück. Das anfängliche Burgstädtchen wurde zum verschlafenen Bauerndorf, bevor es sich nach und nach zur modernen und dichten Agglomerationsgemeinde mauserte.

Bevor es zur Aare hinuntergeht, kannst du auf der anderen Strassenseite vor dem Nagelfluhfelsen das Hämmerlihus betrachten. Hier wurde früher tüchtig genagelt und gehämmert. Überquere die Strasse erneut und gehe über den Pfad hinunter zur Aare. Jetzt kannst du eine Weile direkt dem Ufer entlang stromaufwärts wandern. Schritt für Schritt folgst du dem Fluss auf Augenhöhe. Die weissen Wolken und der blaue Himmel spiegeln sich auf der Wasseroberfläche und lassen die gesamte Gegend erstrahlen. Wenn in den Abendstunden die flach einfallende Sonne den Fluss mit einem sanften Rot umhüllt und dazu unheimliche Nebelschwaden über das Wasser schleichen, entsteht eine märchenhafte Stimmung, die nur hier anzutreffen ist. Der bekannte Aare-Song der Mundart-Band Stiller Has könnte es treffender nicht beschreiben: «Gang doch e chli der Aare naa. Dere schöne, schöne, schöne grüene Aare naa. Dere Aare na.»

Hast du Lust, einen grossen Fisch zu angeln? Das Ufer ist gesäumt von zahlreichen Fischerhäuschen. Nach den Schrebergärten und dem Grillplatz erreichst du eine eiserne Fussgängerbrücke – den Seftausteg. Hier verlässt du das Flussufer und gehst links die Ländlistrasse hoch. Erst beim rosaroten Wohnblock machst du einen Richtungswechsel und gehst rechts der Seftaustrasse entlang. Nach der Kurve kannst du zwischen den Häusern einen Blick zur Aare hinunter werfen – erstaunlich, wie tief sie sich eingeschnitten hat über all die Jahre! Nach einer Weile mündest du in die grosse Freudenreichstrasse;

folge ihr geradeaus zum Dorfkern. Das Gekreische der Rotznasen versetzt das sonst ruhige Bremgarten in Stimmung: Bei der Kreuzung Kalchackerstrasse befindet sich das moderne Schulhaus der Primarschule Bremgarten.

Du gehst rechts am Schulgebäude vorbei bis ans Ende der Kalchackerstrasse. Bei der Kreuzung betrittst du den Kirchweg, der dich an den hohen Mauern von Herrschaftshäusern und am barocken Schloss Bremgarten vorbeibringt. Am Ende erreichst du die ursprünglich romanische Kirche Bremgarten – ein Ort der absoluten Ruhe. Die Idylle ist perfekt – hier steht die Zeit still! Halte inne, geniesse die Ruhe und befreie deinen Kopf.

Gehe nun denselben Weg zurück bis zur Weggabelung und folge dem Wegweiser Richtung Zollikofen. Bei der Sammelstelle nimmst du die steilen Treppen, die dich durch das Wäldchen zur Aare hinunterführen. ⓦ

7

Neben der Treppe siehst du den Eingang zu einem Tunnel, den du betrittst. Unter eingefleischten Aareschwimmern gilt der unterirdische Weg als Geheimtipp; 20 Minuten treiben lassen und in nur 5 Minuten zu Fuss zurück zum Ausgangspunkt. An Klaustrophobie Leidende kommen hier voll auf ihre Kosten: Der 200 Meter lange Fussgängertunnel ist sowohl dunkel als auch sehr eng. Hier erfährst du am eigenen Leib, was ein echter Tunnelblick ist. Schritt für Schritt kriechst du durch die Röhre, die nur von flackernden Lämpchen beleuchtet wird. Die finstere Atmosphäre und das von der Decke tropfende Wasser erinnern an die Szenerie in einem Horrorfilm. Der Schrecken hat erst ein Ende, wenn du am anderen Ende des Tunnels das Licht erblickst.

Gehe rechts über die Stufen auf die Felsenaubrücke hinauf. Überquere sie und biege rechts in den Strandweg ab.

Ein weiteres Mal folgst du dem Verlauf der Aare – diesmal dem östlichen Ufer entlang.

Hast du Badehose und Sonnenschirm dabei? Zwischen dem Strandweg und der Aare befindet sich ein echter Sandstrand. Meeresfeeling mitten in der Stadt – einfach strandvoll! In regelmässigen Abständen sind Durchgänge der Hochwasserverbauung installiert, die dir Zugang zum Strand verschaffen. Du fühlst dich hier wie am Mittelmeer – es fehlen bloss die sonnenverbrannten Touristen und die aufdringlichen Sonnenbrillenverkäufer.

Nach einer Weile kommst du am Backsteingebäude der Brauerei Felsenau vorbei. Gleich danach wird der Strandweg zur Felsenaustrasse und geleitet dich zum gleichnamigen Kraftwerk.

AHA!
Kalt wie Eis, grün wie der Wald

Die Aare ist ein kalter Fluss. Auf der Strecke von der Quelle durch die beiden Bergseen Brienzer- und Thunersee nach Bern hat sie wenig Zeit, sich aufzuwärmen. Die Wassertemperatur übersteigt auch im Hochsommer nur selten 20 Grad; 24 Grad gelten unter Aarefreaks schon als tropisch. Die grünliche Farbe des Flusses ist auf die Algen zurückzuführen, die lebensfroh die Steine der Aare bevölkern.

KRAFTWERK FELSENAU ··· UNITOBLER

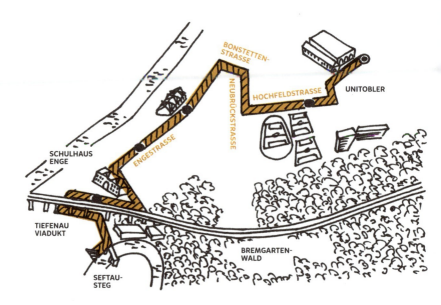

Verlasse das Flussufer über die neben dem Kraftwerk liegenden Treppen. Etwas weiter oben gelangst du zum dazugehörigen Stauweiher. Von da aus gehst du weiter Richtung Felsenau unter dem Tiefenauviadukt hindurch. Am Ende des Hangs erreichst du erneut die Felsenaustrasse. Folge ihr wenige Schritte nach rechts, um die höher gelegene Reichenbachstrasse zu erreichen. Überquere die Strasse und wage einen Blick nach unten: Du befindest dich an einem

Scheitelpunkt; die Aare fliesst auf beiden Seiten weit unter dir durch. Sowohl die Kelten als auch die Zähringer erkannten den Mehrwert des Flusses und liessen die Stadt Bern an diesem strategischen Ort erbauen.

Unterquere das Viadukt und folge rechts dem Wanderweg. Der schmale Pfad führt direkt der Autobahn entlang und erlaubt einmalige Einblicke auf die Fahrbahn. Wie in einem Actionfilm flitzen die Autos mit hoher Geschwindigkeit an dir vorbei. Am Ende des Wegs triffst du auf eine alte Bekannte – das Viererfeld, das du bereits zu Beginn der Etappe angetroffen hast. Folge links der Studerstrasse Richtung Schulhaus. Überquere die Engestrasse und folge dem Wanderwegzeichen Richtung Bierhübeli. Wähle die gemütliche Allee für Fussgänger zwischen Aarehang und befahrener Strasse. Die Enge-Allee, auch «Ängi» genannt, verzaubert durch eine «orgasmische» Aussicht – vor allem an föhnigen Tagen, wenn das imposante

AHA!
Alles andere ist Dekoration

Die von vielerorts sichtbaren Berner Alpen sorgen für die unverkennbare Kulisse in Bern. Sie gehören zu den Westalpen und sind eines der ausgedehntesten und markantesten Gebirgsmassive in ganz Europa. Der höchste Berg ist das Finsteraarhorn mit 4273 Metern Höhe, am bekanntesten ist die stolze Jungfrau, die vom Mönch flankiert wird, und am berüchtigtsten ist der Eiger mit seiner sagenhaften Nordwand.

AHA!
Bern zur Zeit der Weltkriege

Das Soldatendenkmal soll an die Aktivdienste der beiden letzten Weltkriege erinnern und ehrt die Veteranen. Besonders während des Zweiten Weltkrieges hat man in Bern einen ausgeklügelten Plan erarbeitet: Die unter dem Namen «Anbauschlacht» bekannte Mission sollte die Selbstversorgung der Schweizer während dem Krieg sicherstellen. Da die Schweiz nur indirekt in die Weltkriege involviert war, entwickelte sich Bern zu einer wichtigen Drehscheibe der Spionage.

Dreigestirn Eiger, Mönch und Jungfrau zum Greifen nah scheint.

Diese Flaniermeile hatte schon im 18. Jahrhundert einen grossen Stellenwert. Damals war sie die beliebteste Promenade der Berner; Pferdekutschen und Spaziergänger in langen Röcken säumten den Weg. Über die Jahre hat der Pfad leider an Eleganz und Anmut verloren, aber kein bisschen an Popularität. Nach einer Weile kommst du an einem Spielplatz und dem Soldatendenkmal vorbei.

Am Ende des Viererfelds gelangst du zur Inneren Enge, wo die japanische Botschaft ihren Sitz hat. Die Vertreter des Lands der aufgehenden Sonne haben wohl bewusst einen Ort mit Blick auf den Sonnenaufgang gewählt. Gehe weiter stadteinwärts, bis du rechts in die Bonstettenstrasse abbiegen kannst. Die Stimmung beginnt sich zu verändern und du dringst langsam in das Länggassquartier ein. Das ruhige

Quartiersträsschen führt dich vorbei an herrschaftlichen Häusern bis zur Kreuzung Neubrückstrasse, wo dich das Lokal Apfelgold erwartet.

TIPP
«Apfelgold – desserts et livres» – Zuckerzauber im Quartier

Gleich zu Beginn des Länggassquartiers lockt das Lokal Apfelgold. Hausgemachte Desserts aller Art kitzeln deine Geschmacksknospen und schicken dich auf eine liebliche Entdeckungsreise der Sinne. Der hauseigene Eistee, diverse Mostsorten, lokal gerösteter Kaffee und eine exquisite Teeauswahl runden das süsse «Schnouse» ab. Die namensgebende Frucht findet sich auf Bildern und in Büchern ebenso wie auf den Tortenplatten; die zauberhafte Vitrine verleiht dem Ambiente den letzten Schliff.

Nach dem Zwischenhalt gehst du am Apfelgold vorbei und folgst der Neubrückstrasse bis zur Kreuzung Hochfeldstrasse. Biege links in diese ein und folge ihr, bis du am Kindergarten Hochfeld vorbeikommst. Nun biegst du links in den Ralligweg ab. Bei der Kreuzung Neufeldstrasse gehst du rechts, bis du schliesslich die grosse Länggassstrasse erreichst.

Du hast nur kurz Zeit, ihren Puls zu spüren: Überquere sie und folge geradeaus der Muesmattstrasse. Nach wenigen Schritten betrittst du links den Hinterhof der Universität Tobler. Wo heute die Köpfe der fleissigen Studenten rauchen, wurde einst Schokoladengeschichte geschrieben. Während Dekaden prägte die mächtige Fabrik «Chocolat Tobler» das Bild und auch den Geruch des gesamten Länggassquartiers. Hier wurde en masse Schokolade produziert und auch exportiert. Der Name des Unternehmens ist in einer weltweit bekannten Schokolade verewigt: Toblerone.

UNITOBLER ••• FALKENPLATZ

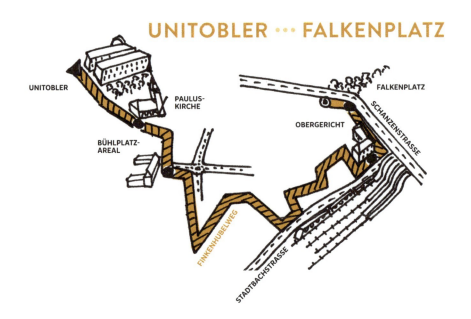

Der Platanenhof ist besonders im Sommer ein beliebter Zufluchtsort für Studenten, denn die alten Bäume spenden auf dem ganzen Platz Schatten.

Du verlässt den Park auf der Rückseite und gehst Richtung Pauluskirche. Mit ihrem zum Himmel ragenden Kirchturm ist sie eines der bedeutendsten Jugendstilwerke der Schweiz. Schreite an der Kirche vorbei und verlasse den Kreisel nach rechts. Die Bühlstrasse bringt dich am biochemischen Institut vorbei zum Bühlplatzareal. Betrete links den Finkenrain, der sogleich vom Finkenhubelweg abgelöst wird. Folge diesem, bis du den Wildhainweg kreuzt, der dich hinunter Richtung Bahngeleise bringt. ⓦ

Bei der nächsten kleinen Seitenstrasse verlässt du die Stadtbachstrasse, um kurz darauf rechts in den Pavillonweg abzubiegen. Bei der Stiftung für Schweizerische Kunstgeschichte gehst du links den Terrassenweg hoch bis zur Kurve. Hier steigst du die steile Treppe hoch,

die dich hinter das hohe Gebäude zum Kanonenweg geleitet. Das Gebäude zu deiner Linken ist das alte Frauenspital und gehört heute zum Campus der Universität Bern. Nach der Rechtskurve kannst du in die Hochschulstrasse abbiegen. Am Obergericht des Kantons Bern vorbei gelangst du auf die Schanzenstrasse. Die letzten Meter der Etappe bringen dich hoch zum Falkenplatz bis zur Busstation Universität.

Hier bei den Pforten des Länggassquartiers endet die siebte Etappe. Du hast erfahren, dass du nicht weit reisen musst, um gemütlich am Sandstrand zu liegen und du hast eines der wichtigsten Quartiere in Bern kennengelernt, die Länggasse. Die nächste Etappe wird dir weitere spannende Quartiere offenbaren – du darfst gespannt sein!

Etappe 8
...

Die Stadt Bern ist eine Pionierin des **Brückenbaus**. Die Kirchenfeldbrücke gehört zu den **Hauptwerken** der **Schweizer Eisenbaukunst**. Die Nydeggbrücke triumphierte jahrelang mit ihrem am weitesten gespannten **Steinbogen** und das **imposante Eisenbahnviadukt** der roten Brücke war seinerzeit die **grösste Betonbogenbrücke** in ganz Europa.

DIE WANDERVOLLE ROUTE

START
Länggasse, Universität, Buslinie 12

ZIEL
Wankdorf, Guisanplatz Expo, Tramlinie 9

DISTANZ
8 km

GUT ZU WISSEN
Bademöglichkeit in der Lorraine, Zeit für Botanischen Garten einrechnen, Abkürzungen sind möglich

HÖHEPUNKTE

Aare und Stauwehr – fliessen statt gehen
Botanischer Garten – farbenprächtige Welten
Lorraine – ein Quartier erwacht
Kunstmuseum – the fine art of Berne
Kornhaus – steig in den «Chübu» hinab
Kornhausbrücke – die Invasion der Holländer
Kursaal – ein Spielchen gefällig?
Zeughaus – exerzieren in der Hauptstadt
BERNEXPO – stimmt nicht nur die Bauern froh

Etappe 8

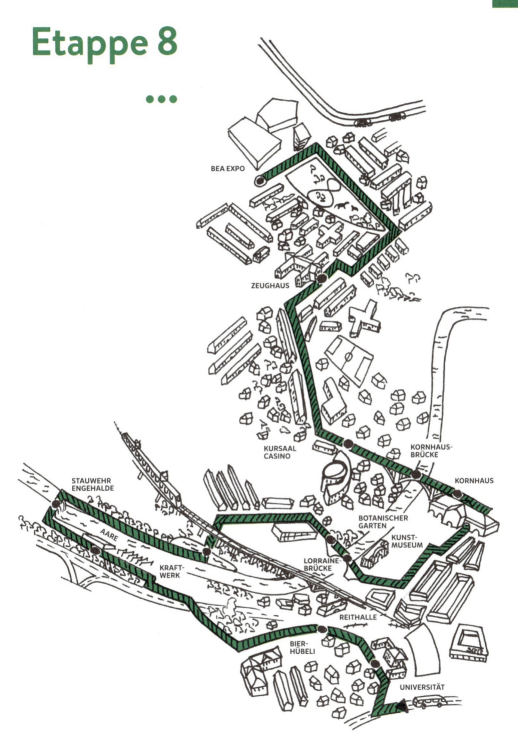

ÜBER BERNS BRÜCKEN MUSST DU GEHEN

...

Die achte Etappe beweist, wie bunt und lebendig die Stadt Bern sein kann. Nach dem Start beim grünen Falkenplatz kommst du am Hauptgebäude der Universität vorbei und erreichst wenig später das stadtbekannte Partylokal Bierhübeli. Du steigst hinab zur Aare, überquerst sie und unternimmst einen kurzen Höhenflug ins trendige Lorrainequartier.

Im Botanischen Garten tauchst du in die farbenfrohe Welt der Gewächse ein. Du gehst über die Lorrainebrücke mitten ins Stadtzentrum, das du über die Kornhausbrücke wieder verlässt. Schliesslich machst du eine Entdeckungsreise durch das Breitenrainquartier am Pferdezentrum vorbei bis zu deinem Etappenziel, dem Messe- und Ausstellungsgelände BERNEXPO.

LOS GEHT'S...

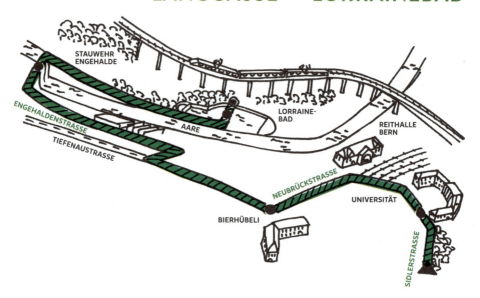

Willst du das andere Ufer entdecken? Dann ist es Zeit, Berns Brücken zu überschreiten!

Die achte Etappe beginnt bei der Bushaltestelle Universität. Wenn du vom Bahnhof her kommst, blickst du stadtauswärts in die Länggassstrasse. Früher hiess sie «Leng Gassen»; wie ihr Name vermuten lässt, ist sie eine der längsten Strassen von Bern. Sie führte einst durch ein typisches Industriequartier, in dem grosse Fabriken wie Von Roll oder Chocolat Tobler angesiedelt waren. Heute ist nichts mehr davon übrig – dafür hat sich die Länggasse in ein beliebtes Wohnquartier und Studentenviertel verwandelt.

Folge der Länggassstrasse bis zur Kreuzung Hallerstrasse. Die prunkvolle Schönheit zu deiner Rechten trägt den Namen Palazzo Prozzo; es ist ein riesiger Palast aus dem letzten Jahrzehnt des 19. Jahrhunderts. Im Erdgeschoss des Prachtbaus versteckt sich die kleine, aber feine Crêperie le Carrousel.

8

> **TIPP**
>
> ## Le Carrousel – ein Hauch Bretagne in der Länggasse
>
> In der Crêperie Le Carrousel dreht sich alles um Crêpes und Galettes. Die Beliebtheit der Gerichte ist nicht zu übersehen: Sowohl mittags wie abends ist hier volles Haus. In der kleinen, offenen Küche zaubern die Köche authentische Köstlichkeiten aus der Bretagne. Die Bedienung ist sehr herzlich, die Ambiance familiär und angenehm. Ob «caramel au beurre salé maison» oder «bleu & poire» – jede einzelne Galette und Crêpe lässt dich hier im Gastronomiehimmel schweben.

Nach dem kleinen Stärkungsintermezzo gehst du zurück zum Anfang der Etappe und weiter, bis du eine Grünanlage erreichst: den Falkenplatz. Hier biegst du nach links in den kleinen Parkweg ab. Während dich Blumen von rechts bezirzen, schaut dir auf der linken Seite das Staatsarchiv von Bern entgegen.

> TIPP
>
> ## Haupt Buchhandlung – Berns älteste unabhängige Buchhandlung
>
> Die Haupt Buchhandlung im historischen Gebäude am Falkenplatz gehört wohl zu den schönsten Buchhandlungen der Schweiz. Sie pflegt neben einem allgemeinen Bücherangebot mit Herzblut die Spezialgebiete Gestalten, Design, Architektur und das gute Naturbuch. Die «HauptEvents» widmen sich als Veranstaltungsreihe literarischen und kulturellen Themen. Und schliesslich bietet Haupt eine Plattform für exklusives Kunsthandwerk und Workshops im Atelier 14B.

Du befindest dich hinter dem Hauptgebäude der Universität, auf der Sidlerstrasse. Folge ihr immer der Nase nach. Gehe hinter der Alpeneggstrasse links den Fussweg Troxlerrain hinab. Dessen Name stammt vom Troxlereffekt, einer speziellen Art der optischen Täuschung.

Dieser Effekt wiederum verdankt seinen Namen Ignaz Paul Vital Troxler, einem bekannten Schweizer Arzt, Politiker und Philosophen. Er gilt als einer der bedeutendsten Vorbereiter des Schweizer Bundesstaats von 1848. Apropos

Vorbereiter: Etwas weiter unten kreuzt du die Treppe zu Ehren von Helene von Mülinen, einer der bekanntesten und wichtigsten Wegbereiterinnen des Schweizer Frauenstimmrechts.

Nach der Baumreihe lohnt sich ein Blick nach rechts über die Abstellgeleise. Mit Slogans wie «Unsere Freiheit stirbt durch eure Sicherheit» auf dem Dach ragt dir die Reithalle entgegen. Das alternative Kulturzentrum, das aus einer Hausbesetzung heraus entstand, hat schon unzählige Male die Gemüter der Berner Bevölkerung erhitzt. Allen bösen Zungen zum Trotz hat sich das Berner Stimmvolk bis heute aber immer hinter die Reithalle gestellt.

Herr Glarner, Vorsteher Amt für Kultur: *«Ich kannte sie nur vom Hörensagen, die Reithalle. Doch heute, an einem späten Samstagabend, soll es endlich so weit sein. Ich will es wagen und trau mich rein! «Da nimm», raunt der junge Mann im Vorbeigehen und drückt mir seine halb ausgetrunkene Bierflasche in die Hand. Ich schmunzle, nehme einen grossen Schluck und fühle mich nur noch halb so fremd.»*

Unten angekommen, gelangst du am unscheinbaren Henkerbrünnli vorbei. Ausschau nach einem Galgen ist jedoch vergebene Mühe. Blicke lieber auf das gegenüberliegende hellrote, schöne Sandsteingebäude, den ehemaligen Schlachthof. Heute ist ein Teil der Universität darin untergebracht.

Du gehst nach links und betrittst den Bierhübeliweg, der dich zum Bierhübeli hochbringt. Die Geschichte des Bierhübeli reicht bis in 18. Jahrhundert zurück. Heute ist es ein bekanntes Partylokal, in dem so mancher Berner die ganze Nacht lang zecht und sein Bein zu fetzigen Rhythmen schwingt.

Folge rechts dem Radwegweiser Richtung Olten/Zollikofen und betrete die Wildparkstrasse. Unter dir befindet sich der ehemalige Tierpark von Bern. Tiere gibt es hier schon lange nicht mehr, doch je nach Jahreszeit siedeln sich hier Fahrende mit ihren Wohnwagen an. Noch bevor du die Hauptstrasse erreichst, überquerst du sie über die moderne Passerelle und folgst der Tiefenaustrasse stadtauswärts. Zu Stosszeiten zischen hier Autos im Sekundentakt an dir vorbei und machen ein Gespräch fast unmöglich. Um den Anwohnern am rechten Hang diesen Lärm zu ersparen, wurden hier originelle Lärmschutzwände installiert. Nach einer Weile kommt ein Schlupfloch, ein Zugang zu einem Quartierweg, der dich hinunter Richtung Aare bringt.

Gepflegte und gehegte Gärten und schmucke Vorstadthäuschen säumen deinen Weg. An der Engehaldenstrasse angekommen, gehst du nach links bis zum EWB. Der Strom brummt und summt! Halte inne und lausche dem Gesang der Kilowatt. Aber nicht nur für das Ohr ist gesorgt, auch für das Auge gibt es etwas zu sehen: Der Blick auf das über ein Kilometer lange Eisenbahnviadukt, die meistbefahrene Bahnstrecke der Schweiz, bringt das Herz eines jeden Zugfreaks zum Schmelzen. Die

AHA!
Nichts wird verschwendet
Das Dotierkraftwerk Engehalde ist ein sogenanntes Restwasserkraftwerk. Der Grossteil der Nutzwassermenge wird über einen 550 Meter langen Stollen zum Kraftwerk Felsenau geleitet, sodass nur ein kleiner Teil in die Engehalbinsel fliesst. Hier wird dennoch Strom für knapp 700 Haushalte produziert; seit 2001 ist er sogar als Ökostrom zertifiziert.

ehemalige «rote Brücke», über die schon 1858 die ersten Züge fuhren, war zweistöckig: oben die Züge, unten die Fussgänger und Autos. ⓦ

Weiter geht es geradeaus, bis du zum Stauwehr Felsenau kommst. Überquere es über den markanten Fussgängersteg. Am anderen Ufer angekommen, gehst du flussaufwärts zurück – auf dem Wehrweg immer schön der trägen Aare entlang. Wirf doch rasch einen Blick zurück auf das Tiefenau-Autobahnviadukt. Diese höchste Brücke von Bern ist eine der wichtigsten Verkehrsverbindungen der Stadt. Vor dem Ausbau war sie lange Zeit das Berner Nadelöhr und somit fast täglich in den Stauschlagzeilen.

Fertig mit Wandern, nun heisst es «allez hopp»: Der Berner Vita Parcours, der auch hier durchführt, verlangt dir alles, aber wirklich alles ab. Vertrittst du eher die Meinung «Sport ist Mord», so wende dich deiner künstlerischen Seite zu und bestaune die vielen Graffitis entlang der Route – Graffitimeile würde als Name besser passen als Wehrweg.

Du folgst dem Uferweg, bis du die Pforten des Lorrainebads erreichst. Es ist das kleinste, aber feinste der fünf Berner Freibäder. Die von der Sonne verfärbten Holzwände verleihen dem Bad seinen unverkennbaren Charakter. Das Publikum ist wie im Lorrainequartier bunt durchmischt: familiär, alternativ, intellektuell und trendig. Für Freunde von nackten Füdlis bietet es einen FKK-Bereich. Während der Badesaison wirst du hier von der einmaligen Badestimmung angesteckt. Lasse dich zu einem Sprung ins erquickende Nass verführen.

Gehe über die steinerne Brücke, die beide Becken überquert und dich zum Hinterausgang bringt. Ein kleiner Weg führt dich hinauf Richtung Betonpfeiler. Ist die Badi geschlossen, gehst du an ihr vorbei und nimmst links den Fussweg, der dich ebenfalls hochführt.

LORRAINEBAD ⋯ KORNHAUS

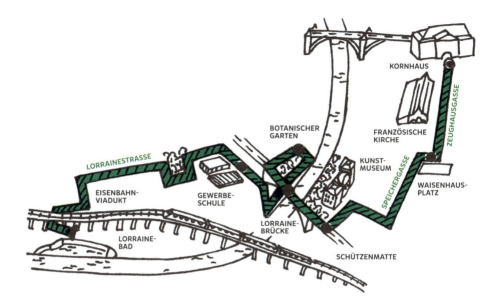

Unter den Bahngeleisen des Eisenbahnviadukts hindurch geht es hoch zur Jurastrasse. Krass, wie nahe hier die Gebäude an der Bahnlinie stehen; fast stellt man sich die Gretchenfrage: Was war zuerst – die Geleise oder die Häuser? Oben gehst du nach rechts der Jurastrasse entlang in das Lorrainequartier hinein.

Daniela, 29, Anwohnerin des Lorrainequartiers:
«Für mich ist die Lorraine das perfekte Beispiel für das Dorf in der Stadt. Im Lorraineloch, wie der hintere Teil der Jurastrasse heisst, werden die Strassen zwischendurch abgesperrt, damit die Kinder ‹velölen›, spielen und den Asphalt mit ihren Kreidezeichnungen verzieren können. Die Wahrscheinlichkeit ist gross, in einem der Gärten oder einer der vielen Quartierbeizen hängen zu bleiben und von einem anderen ‹kennigen› Loraineler zu Speis und Trank oder auf einen Schwatz eingeladen zu werden. Ein Fussmarsch von zehn Minuten von Bern ‹Down Town› entfernt wird ‹dorfet› wie auf dem Lande. Die Lorraine! Sie lebt, ist ständig in Bewegung und bietet Platz für jeden, der das Prinzip ‹leben und leben lassen› begriffen hat. Aus dieser besonderen Ecke von Bern wegzuziehen, kommt nicht in die Tüte! Einmal Lorraine, immer Lorraine.»

Bei der Kreuzung gehst du links in den Platanenweg und von da rechts in die Lorrainestrasse. Viele kleine interessante Quartierläden und Imbissstände säumen deinen Weg. Auf der rechten Seite kommst du am Lorraine-Giele-Treff vorbei und landest vor dem Café wartsaal.

TIPP

wartsaal Kaffee Bar Bücher – äs wird usegstuelt

Im wartsaal kann zum Kaffee ein Buch aus dem Bücherregal bestellt werden und wer einen Einblick in die Welt der Schweizer Spezialitätenbiere erhalten will, ist hier ebenso richtig. Auf der Terrasse, die überdeckt ist mit einem alten, überwachsenen Fabrikdach, trifft sich das Quartier in lauen Sommernächten. In der kälteren Jahreszeit finden regelmässig Lesungen, Konzerte und andere Veranstaltungen statt. Jeden Tag gibt's einen Brunch bis spät in den Nachmittag. Mittags und abends wird ein täglich wechselndes, einfaches, aber exquisites Menü serviert. Eine echte Quartierperle!

Schon bald kommst du am Lorrainepark, früher Steinhauerpark genannt, vorbei. Hast du Lust auf eine Runde Pétanque? Weck den Franzosen in dir und ergreife die schweren Kugeln. Gehe rechts am Park vorbei Richtung Brücke. Über sieben Brücken musst du gehen – diese hier wird noch lange in deinen Ohren nachhallen. Wenn du die Brücke überquerst, merkst du rasch, dass sie ihrem Namen «Klangbrücke» mehr als gerecht wird.

Du befindest dich auf dem Campus der Gewerbeschule. Dieses Haus steht unter

Denkmalschutz und prägt das Quartierbild. Der Architekt Hans Brechbühler liess sich beim Bau von den Werken Le Corbusiers inspirieren.

Folge dem Gebäude und du gelangst auf eine stark befahrene Strasse. Ein kurzer Blick nach rechts und du siehst die Lorrainebrücke, dein nächstes Ziel. Bevor du die Brücke erreichst, gehst du nochmals runter zur Aare. Hierfür folgst du dem Wanderweg Richtung alte Brauerei Gasser, die du beim Abstieg bewundern kannst. In ihr war lange Zeit die bekannte Altenbergbrauerei untergebracht. Unten gelangst du erneut auf den Uferweg und folgst ihm links unter der Lorrainebrücke hindurch.

Nach ein paar Schritten erscheint ein Durchgang mit einer Treppe in der Mauer. Als neugieriger Stadtentdecker musst du natürlich nachsehen, worum es sich dabei handelt. Es ist in der Tat dein versteckter VIP-Eingang in den Botanischen Garten von Bern. Sollte der

AHA!
Farbenprächtige Welten der Inspiration

Der Botanische Garten von Bern hatte über Jahre Schwierigkeiten, sich an einem Ort zu etablieren. So änderte er seinen Standort mehrmals, bis er 1862 endlich Fuss fassen konnte und im Rabbental, im ehemaligen Medizinalgarten, seinen definitiven Platz fand. Den Gewächshäusern mit den verschiedenen Themen und Klimazonen wie Steppe, Halbwüste oder tropischer Bergwald ist besondere Aufmerksamkeit zu schenken. Seinen gossen Bekanntheitsgrad hat der Garten nicht zuletzt dem Alpinum zu verdanken, das eine riesige Auswahl an Schweizer Alpenpflanzen beherbergt. Betrete die faszinierenden Pflanzenwelten und lasse die Seele baumeln.

Zutritt aus unerklärlichen Gründen geschlossen sein, bist du gezwungen, weiterzugehen und im Zickzack über den Altenbergrain an Höhe zu gewinnen. Wenn die Tür offensteht, setzt du deinen Weg quer durch die duftende und blühende Gartenanlage fort.

Wähle deinen Weg durch den Botanischen Garten nach eigenem Gusto. Am Ende nimmst du die Treppe, die dich auf die Lorrainebrücke bringt. Von hier oben hast du nochmals einen Überblick über die gesamte Anlage. Der Garten ist südexponiert, was klimatologisch ideal ist. Die viel befahrene Strasse ist der Nordring. Er verbindet den Breitenrain mit dem Lorrainequartier, in dem viele Medienbetriebe ihren Sitz haben.

Monika Buser, Moderatorin bei Radio Bern 1:
«Wenn der Mann im Kebabladen, der mich liebevoll sein Blumenmädchen nennt, noch schläft, wenn in den Coiffeursalons nur bei den Schaufensterpuppen die Frisur sitzt, genau dann klingelt mein Wecker! Ein einsamer Moment, könnte man denken, aber ...
... der Zeitungsmann begrüsst mich morgens mit seiner rauen Stimme, die trotzdem wacher klingt als meine. Auch der Mann vom Sicherheitsdienst, der sich auf die letzte Runde macht, ist gut gelaunt, denn mein Erscheinen bedeutet den baldigen «Fyrabe» für ihn. Ich erkenne schon von Weitem das einzige Licht im Studio. Es lässt auf einen emsigen Redakteur schliessen, der sich durch die Meldungen und Neuigkeiten der vergangenen Nacht wühlt. In diesem magischen Moment beginne ich damit, die Leute mit Musik und Unterhaltung zu wecken und sie sorgenfrei in den neuen Tag zu begleiten.»

Die Lorrainebrücke mit ihrem ellipsenförmigen Hauptbogen gehört zu den vier bekannten Berner Brücken. Bevor sie fertiggestellt war, befand sich der Bahnhof der Stadt im Lorrainequartier. Dies war Segen und Fluch zugleich, denn die Linienführung der Eisenbahn trennte das Quartier jahrelang von der übrigen Stadt.

Endlich darfst du über die Brücke gehen. Auf der anderen Seite erreichst du das Bollwerk. Der grosse innerstädtische Platz gegenüber ist die Schützenmatte.

In der Regel wird sie als öffentlicher Parkplatz missbraucht. Zweimal im Jahr, wenn «Chilbizyt» ist, blüht sie aber auf. Jung und Alt versammelt sich, um Zuckerwatte zu schlecken oder den Adrenalinkick auf der Achterbahn zu erleben.

Du gehst nach der Brücke links der Hodlerstrasse entlang, benannt nach dem bekannten Maler Ferdinand Hodler. Eine Strasse, die kaum mehr Gegensätze auf so kleinem Raum vereinen könnte: auf der linken Seite die Drogenanlaufstelle und das Kunstmuseum, rechts das Amthaus mit dem Regionalgefängnis Bern.

Marlise Pfander, Gefängnisleiterin von 2005 bis 2013: *«Auch viele eingesessene Berner wissen nicht, dass es sich beim roten Haus mit Gitterstäben um ein Gefängnis handelt. Gefährliche, Böse und Kriminelle, aber eben, auch sie sind Menschen. Sie versuchen jeweils durch den kleinen, klaren Sehschlitz im Fenster etwas vom Leben ‹da draussen› zu erhaschen. Ging ein junges Mädchen vorbei, so hörte man das Fensterklopfen der mehrheitlich jüngeren Männer, die so nach Aufmerksamkeit rangen. Für sie ein kleiner Lichtblick im ‹Hotel Gitterblick›, das eben doch nichts mit einem Hotel zu tun hat.»*

Vor dem Kunstmuseum gehst du rechts die Genfergasse hoch, um gleich wieder links in die Speichergasse abzuzweigen. Bald kommst du am ehemaligen Gymnasium Progr vorbei, wo einst Paul Klee zur Schule ging. Die heutige Stiftung ist ein beliebter, lebendiger Kultur-Begegnungsort. Hier kannst du Werke von über 150 Künstlern aus allen Sparten bestaunen. In der Turnhalle vom Progr suchst du vergebens nach Turnern und im Lehrerzimmer vergebens nach Lehrern. Heute sind dies Treffpunkte für alle Altersgruppen dank interessanten Veranstaltungen und Konzerten.

Am Ende der Speichergasse gelangst du auf den Waisenhausplatz. Das Schaubild hier wird vom Meret Oppenheim Brunnen und dem markanten Sandsteingebäude, dem einst bekanntesten Waisenhaus der Stadt Bern, dominiert. Heute logiert hier die Berner «Police», die über die Sicherheit der Bürger wacht.

AHA!
Brunnen der Empörung

Ein überwucherter Betonbrunnen mitten im historischen Stadtkern von Bern. Geit's no?! Die Empörung der Traditionalisten schien keine Grenzen zu kennen. Ihnen war die moderne Kunstskulptur ein Dorn im Auge und sollte deshalb sofort entfernt werden. Zum Glück haben sich die Gemüter beruhigt. Heute erfrischt der Brunnen den sonst öden Platz und wenn an frostigen Wintertagen das Kunstwerk gefriert und sich in eine Eissäule verwandelt, schmilzt so manches Bernerherz dahin.

Überquere den Platz nach rechts Richtung Eingang des Metro Parkings. Jeweils am vierten Montag im November findet hier ein Teil des bekannten und traditionsreichen Ziebelemärits statt. ⓦ Hinter dem Parking siehst du über den Cafés den Holländerturm, ein Überbleibsel des alten Wehrgürtels der Stadt Bern. Zu seinem speziellen Namen kam er durch die geheimen Treffen holländischer Offiziere, die hier ihre Pfeifchen rauchten. Tabakrauchen war zu jener Zeit in Bern strengstens verboten. Gehe hinter die Gebäudereihe, wo ein kleines Schmuckstück, die Parfümerie Yours, auf dich wartet.

TIPP
Parfümerie Yours – tausendundein Parfüm
Tauche ein in eine Erlebniswelt der Düfte. Das magische Ambiente nimmt dich mit auf eine Reise durch unbekannte Aromen und Parfüms. Besonders die prachtvolle Ausstellung von Guerlain ist eine Augenweide. Vom Eau de Parfum bis hin zur Gesichtspflege – jeder Artikel ist sorgfältig ausgestellt und weckt die Neugier des Betrachters. René Piller, der Inhaber der Parfümerie, weiss, was seine Kunden wollen und lässt keinen Wunsch unerfüllt.

Von der Parfümerie gehst du zurück Richtung Parking und biegst rechts in die Zeughausgasse ein. An deren Ende kommst du an der Französischen Kirche vorbei, unter der sich ein alter Friedhof befindet. Vis-à-vis steht das traditionsreiche Restaurant Volkshaus.

.....

TIPP
Restaurant Volkshaus – Tradition nach Berner Massstab
Das völlig neugestaltete Bistro überzeugt durch ruhige Farben und klare Linien. Ob der kurze Espresso am Morgen, der Apéro zwischendurch, das Mittag- oder Abendessen in geselliger Runde oder ein gutes Glas Wein an der Bar – diese exquisite Gaststätte verzaubert deinen Gaumen zu jeder Zeit mit einem vielseitigen Angebot an kulinarischen Köstlichkeiten.

.....

AHA!
Steig in den «Chübu» hinab

Der Kornhauskeller ist eine von Berns Touristenattraktionen, die dich in eine andere Welt eintauchen lässt: Der riesige Gewölbekeller, der eher an eine unterirdische Basilika erinnert, lässt dich vergessen, wo du dich befindest. Mittlerweile sind hier ein Restaurant und eine Bar angesiedelt. Ins Auge sticht der sogenannte «Grosse Rogen», ein riesiges Fass, das fast 36'000 Liter Wein fassen könnte. In diesen Gewölben wurden früher die Weine des Waadtlands und des Bielersees eingekellert.

Gehe unter den Arkaden des Kornhauses hindurch. Im mittelalterlichen Bern waren hier die Getreideverwaltung und die Kornlagerung der Stadt untergebracht. So wurde sichergestellt, dass in Zeiten von Krieg oder Hungersnot genügend Nahrung vorhanden war.

> TIPP
> ### Bern Tourismus
> Der «Grognard» nimmt dich mit auf eine Zeitreise in das Bern um die Zeit von 1798. Erlebe den Einfall der Franzosen, die Kapitulation der Stadt Bern und das Leben mit den Besatzern, als wärst du selbst dabei gewesen.
>
> Wusstest du, dass vor über 140 Jahren der öffentliche Brunnen für die Wasserversorgung in Bern eine grosse Rolle spielte und er ein Ort der Begegnung war? Willst du mehr erfahren? Dann besuche eine Stadtführung zum Thema Wasser.

KORNHAUS ••• GUISANPLATZ EXPO

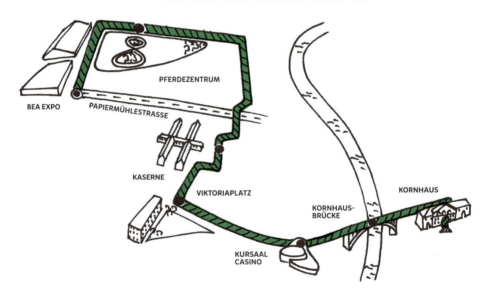

Du befindest dich auf dem Kornhausplatz vor dem Kindlifresserbrunnen. Um

AHA!
Coiffeur und Stadtoriginal

Dr Dällebach Kari war eines der bekanntesten Stadtoriginale von Bern. Mit einer Hasenscharte geboren, wurde er sein Leben lang gehänselt, blieb einsam und unverstanden. Als Friseur eroberte er trotz seiner Behinderung mit Witz und Charme das Herz der schönen, reichen Annemarie. Ihre Liebe hatte zu dieser Zeit keine Chance, denn die bürgerlichen Eltern wollten von Dällebach nichts wissen. Alkohol und Liebeskummer trieben ihn am Ende zum Sprung von der Kornhausbrücke in den freiwilligen Tod. Willst du mehr über das Stadtoriginal erfahren? So lerne seine Geschichte auf einem traurig-lustigen Stadtrundgang von Bern Tourismus kennen.

ihn ranken sich zahlreiche Geschichten: Von einer Anspielung auf einen angeblichen Ritualmord über eine Allegorie des griechischen Gottes Chronos bis hin zur einfachen Fasnachtsfigur häufen sich die Theorien.

Weiter geht es links Richtung Kornhausbrücke. Zu deiner Rechten liegt die Grabenpromenade, ein kleiner Park mit dem Erlach-Denkmal, das dem Anführer der berüchtigten Schlacht bei Laupen gewidmet ist.

Gegenüber dominiert der neoklassizistische Bau des Stadttheaters von Bern. Betrete die «Korenhuisbrug». Die niederländische Bezeichnung ist ein Artefakt aus der Zeit der Fussball-Europameisterschaft 2008 und soll daran erinnern, dass sich hier die holländische Fanmeile befand. Die «Oranjes» waren so gütig, dass sie der Stadt Bern orange Schilder schenkten. Überquere die Aare, um ans nördliche Ufer zu gelangen.

Gehe auf der anderen Strassenseite an einer Wasserskulptur vorbei. Betrete den Haupteingang des Hotels und begib dich rechts zum historischen Liftturm mit der Wendeltreppe. Der helikale Aufstieg befördert dich zum Casino und Kongresshaus des Kursaals Bern. Hast du noch Kraft oder stöhnst du schon «Rien ne va plus»? Fordere Fortuna zu einem Spielchen heraus. Und wenn nicht, dann geniesse auf jeden Fall die Aussicht von der Casino-Terrasse – ein wahrer Augenschmaus. Besonders in der Winterzeit gleichen die schneebedeckten Dächer einer bezaubernden Märchenlandschaft. Die von der Aare aufsteigenden Dampfschwaden und die zum Himmel emporsteigenden Rauchsäulen der Kamine erzeugen eine epische Atmosphäre. Sobald du dich sattgesehen hast, kannst du das Casino ein wenig weiter hinten auf der rechten Seite verlassen.

Weiter geht es zum Viktoriaplatz Richtung BKW. Nach der Nuklearkatastrophe «Fukushima» 2011 kam es auf dem Rasen vor den Bernischen Kraftwerken zu einem Protest-Zeltlager, um die Stilllegung des Atomkraftwerks Mühleberg zu bewirken.

Verlasse den Platz den Tramgeleisen folgend. Bei der Gabelung gehst du von den Schienen weg geradeaus in die Beundenfeldstrasse. Bei der nächsten Kreuzung folgst du rechts der Spitalackerstrasse, die dich am gleichnamigen Park vorbeibringt. Lege eine Verschnaufpause ein und geniesse die ruhige Stimmung. Nach dem Spitalackerpark biegst du links in die Blumenbergstrasse ab und folgst dieser bis ans Ende, wo sie auf die Kasernenstrasse trifft. Es wird Zeit für die letzte Rast dieser Etappe; zu deiner Rechten befindet sich das Hotel Alpenblick.

Gehe am Hotel vorbei und folge der Kasernenstrasse bis zur Kreuzung Papiermühlestrasse. Überquere die breite Strasse und folge geradeaus der Reiterstrasse. Gehe dem schmalen

Fussweg entlang, der dich hinter die Wiese geleitet. Biege links in die Bolligenstrasse ab, die dich an den Aussenanlagen des Pferdezentrums vorbeiführt. Mit etwas Glück kannst du tollkühnen Reitern beim Springen oder Galoppieren zusehen. Du läufst an einem alten Gutshof und einer modernen Vorstadtsiedlung vorbei. Vor dir fängt die PostFinance-Arena deinen Blick. Sie bietet über 17'000 Besuchern Platz. Damit ist sie nicht nur die grösste Eissporthalle der Schweiz, sondern zählt auch zu den grössten von ganz Europa. Die Gebäude dahinter und links davon gehören allesamt zur BERNEXPO, dem grössten Messegelände des Kantons Bern.

Gehe links zur Bus- und Tramhaltestelle Guisanplatz Expo, deinem Etappenziel. In der nächsten Etappe wirst du den Boden der Berner Gemeinde verlassen und den Osten entdecken.

Etappe 9
...

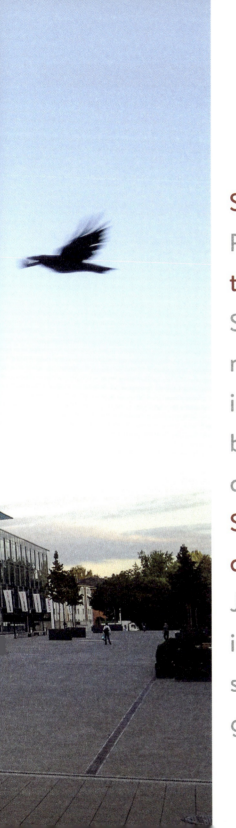

Sandstein ist ein wichtiger Rohstoff in der **Architektur** Berns. Der grosse Steinbedarf wird von zahlreichen **Steinwerken** in der städtischen Umgebung gedeckt. Eines davon ist der **gigantische Steinbruch in Ostermundigen**, der bereits mehrere Jahrhunderte in Betrieb ist und aus dessen Sandstein das **Berner Münster** gebaut wurde.

DIE WANDERVOLLE ROUTE

START
Wankdorf, Guisanplatz Expo, Tramlinie 9

ZIEL
Wittigkofen, Tramlinie 8

DISTANZ
9 km

GUT ZU WISSEN
Lange Etappe mit viel Natur und Kleinquartieren, Bademöglichkeit in der Badi Ostermundigen

HÖHEPUNKTE

Stade de Suisse – hopp YB
Grosse und Kleine Allmend Bern – die grünen Inseln
Bahnhof Ostermundigen – nur das Häuschen blieb stehen
Steinbruch – es geht tief hinab
Muri – hier wohnen Berns reichste Bürger
Wittigkofen – wo Bern am Himmel kratzt

Etappe 9

...

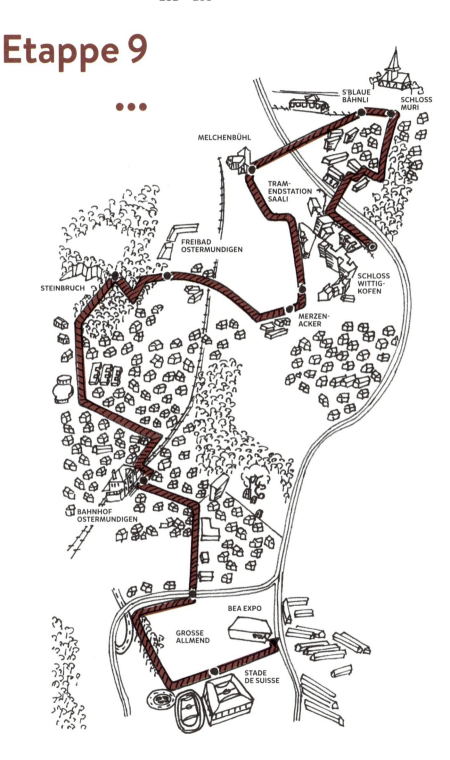

DER OSTEN SCHLÄGT ZURÜCK

•••

Die neunte Etappe ist so inspirierend und kontrastreich wie Beethovens 9. Symphonie. Du startest beim Messe- und Ausstellungsgelände BERNEXPO und erreichst das riesige Stade de Suisse, wo du dich auf eine entdeckungsreiche Entdeckungsreise freuen darfst.

Dein Weg führt dich von nun an über Stock und Stein: Über die Grosse und Kleine Allmend erreichst du die Kleinstadt Ostermundigen. Durch sie hindurch gelangst du zum Fusse des Grossholz-Walds und erklimmst den steilen Weg zum alten Steinbruch. Du gehst gemütlich über Feldwege Richtung Gümligen, wo urbane Modernität und idyllische Natur von Bauern- und Hochhäusern in Szene gesetzt werden. Zu guter Letzt machst du einen Abstecher in den reizenden Vorort Muri und erreichst nach dem Egghölzli-Wald dein Etappenziel, die Tramstation Wittigkofen.

LOS GEHT'S...

GUISANPLATZ ••• BAHNHOF OSTERMUNDIGEN

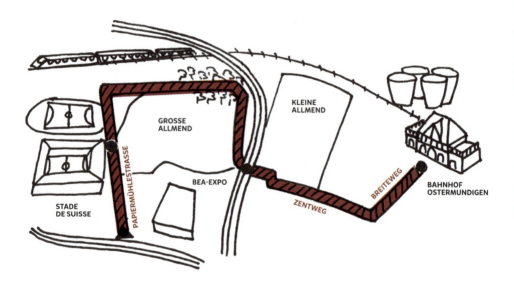

Denkst du, im Osten sei nichts los? Die neunte Etappe beweist dir das Gegenteil!

Gaby, Mitarbeiterin Bea Expo: *«Als langjährige Mitarbeiterin der Berner Frühlingsmesse BEA kenne ich das Herz und die Seele dieser urbernischen Veranstaltung sehr gut. Spätestens wenn die ersten Streben des Riesenrads stehen, steigt bei mir die Vorfreude auf alles, was die BEA und ihren Charme ausmacht; Alt und Jung, Promi oder Cervelat-Promi, Stadt und Land, alle tummeln sich jeweils während zehn Tagen auf der Messe und sorgen für eine einmalige Stimmung und tolle Begegnungen. All das ist mir über die Jahre ans Herz gewachsen. Sei es die intensive Zeit vor und während der Messetage im kräftig pulsierenden Herz, dem Messebüro, oder das restliche Jahr über, wenn ich zusammen mit dem ganzen Team unsere BEA vorbereiten darf.»*

AHA!
Das Wunder von Bern
Mit über 30'000 Zuschauerplätzen ist das Stade de Suisse das zweitgrösste Stadion der Schweiz. Im alten Wankdorfstadion wurde Fussballgeschichte geschrieben: Bei der Fussballweltmeisterschaft von 1954 holte sich Deutschland erstmals und völlig unerwartet den Weltmeistertitel. Dieses Ereignis wurde im Buch «Das Wunder von Bern», das auch verfilmt wurde, verewigt.

Die neunte Etappe beginnt beim Guisanplatz vor dem Ausstellungs- und Messegelände BERNEXPO. Der rote Fahrradwegweiser Richtung Zollikofen/Ittigen weist dir den Weg zum wuchtigen Stade de Suisse. Auf dessen Dach ist das weltweit grösste in ein Stadion eingebaute Solarkraftwerk untergebracht. Mache eine sportliche Entdeckungsrunde um und durch das Stadion. Gleich zu Beginn kommst du an einer immensen Uhr vorbei, dem einzigen Überbleibsel aus dem alten Stadion. Viele Fans trauern der Atmosphäre nach, die dort herrschte und für sie nicht mit der heutigen vergleichbar ist.

Das Innere des Stadions birgt einen riesigen Konsumtempel: Im «sportlichsten Einkaufszentrum», wie es sich selbst nennt, gibt es sowohl für Wettkämpfer als auch für Sportbanausen jede Menge zu entdecken. Willst du mehr über die Vergangenheit des hauseigenen Fussballklubs Young Boys erfahren? Das Museum des gelbschwarzen Klubs gewährt spannende Einblicke in die Geschichte der Young Boys. Apropos Young Boys: YB sollte eigentlich IB heissen. Oder hast du je einen Fan «Ypsilon-Bee» rufen hören?! 🅦

Christoph Spycher, ehemaliger YB-Spieler und jahrelanger Captain: *«Ich stehe in den Katakomben des Stade de Suisse und warte auf den Einlauf zum Fussballfeld. Dabei sauge ich die Stimmung in mir auf, geniesse den Moment und lasse mich von der Musik inspirieren. Gleichzeitig konzentriere ich mich auf meine Aufgabe, denn ich will eine Topleistung für mich und das Team erbringen. Hier im Stade de Suisse fand am 18. Mai 2014 auch das Spiel gegen St. Gallen statt. Diesen Tag mit all den Emotionen werde ich nie vergessen, weil es mein letztes Spiel als Fussball-Profi war. Ich durfte mit meinen Söhnen Dominic und Claudio auf den Rasen laufen – meine Mitspieler und der Staff standen Spalier. Das ging unter die Haut!»*

Vom Stade de Suisse folgst du der Papiermühlestrasse stadtauswärts. Vorbei an der riesigen Wiese, der Allmend, gelangst du zum Wankdorfkreisel. Er wurde erst kürzlich zusammen mit dem Wankdorfplatz für fast 90 Millionen Franken neugestaltet. Ein Grossteil des Verkehrs wird unterirdisch geführt, was in der Schweiz eine Neuheit darstellt. Sowohl der futuristische Tunnel als auch die spinnennetzartige Beleuchtung über dem Tunnel zeugen von einem modernen Baustil.

AHA!
Die grüne Insel
Die Grosse Allmend ist eine echte Erholungsoase für Picknicker, Jogger, Spaziergänger – einfach für alle. Ursprünglich wurden diese weiten Flächen genossenschaftlich für Gemüseanbau und Viehzucht genutzt. Die Grosse Allmend diente sogar als Startbahn für die erste, spektakuläre Alpenüberquerung. Heute wird sie multifunktional genutzt: Ob Baseball, Rugby, Frisbee oder Fussball – jede Sportart erhält hier genügend Raum.

Gehe rechts dem Schermenweg entlang, bis du nach rechts auf einen kleinen Kiesweg abbiegen kannst, der zwischen Wald und Allmend nach oben führt.

Der Kiesweg führt dich in die Tiefen des Walds hinein. Wie bereits Grossmutter dem Rotkäppchen sagte: Lasse dich nicht vom Weg abbringen und sprich mit keinem Fremden! Auf die Kurve folgt ein leichter Anstieg, der dich erneut ins Licht bringt. Bei der

Verzweigung gehst du links über die Autobahn und landest bei einer weiteren Wiese. Im Gegensatz zu ihrer grossen Schwester ist das Schicksal der Kleinen Allmend eher trist: Oft als Parkplatz missbraucht, darf sie nur von Zeit zu Zeit als Hornusserplatz dienen. Doch eigentlich hätte sie einen Eintrag ins Guinness Buch der Rekorde verdient, denn die Verhandlungen über das Zonen- und Nutzungsrecht der Anlage dauerten sagenhafte 32 Jahre!

Hinter dem Feld erkennst du kleine Schrebergärten, die dir den Weg weisen. Am Horizont links ragt der Bantiger mit seinem Fernsehturm in die Höhe und animiert deinen Schritt mit seinem hypnotisierenden Geblinke. Hast du die Gärten erreicht, kannst du geradeaus dem Zentweg folgen.

Halte auf der linken Seite Ausschau nach einer dunkelgrünen Paul-Klee-Säule. Sie steht am Anfang des Breitenwegs, in den du abbiegst. Die «Wege

zu Klee» wurden speziell für Wander- und Kunstfanatiker errichtet und bilden Pilgerwege zum Berner Mekka, dem Zentrum Paul Klee. Zusätzlich versorgen sie die Tippelbrüder mit Informationen über das Leben des Meisters Klee.

Stopp Grenzkontrolle! Du verlässt das Hoheitsgebiet von Bern. Nun heisst es «Grüessech u wiukomme z'Mundige».

Der Breiteweg führt dich auf gerader Strecke zum Bahnhof Ostermundigen. Über die Treppe gelangst du hoch zum Gleis, wo dich ein alter Bahnhof erwartet: Das Bahnhofshäuschen ist ein echter Zeitzeuge des Widerstands gegen die Moderne. Mittlerweile ist es zum Wahrzeichen von Ostermundigen geworden.

AHA!
Der bekannteste Busen der Schweiz

Wer glaubt, die Schweiz habe keine internationalen Schauspieler zu bieten, wird eines Besseren belehrt. Hier in Ostermundigen ist 1936 Ursula Andress geboren und aufgewachsen. Sie spielte nicht nur an der Seite von Sean Connery in einem James-Bond-Film, sondern war das erste Bond-Girl überhaupt. Ursula gelang dadurch der Aufstieg zum Weltstar, worauf sie in unzähligen Hollywood-Filmen mitspielte. Dennoch hat sie die Wurzeln zu ihrer Heimat – Ostermundigen – nie verloren. Vermutlich lieben sie die Einwohner gerade deswegen und verliehen ihr sogar das Ehrenbürgerrecht. Die Schweiz hat eben doch mehr zu bieten als nur Schokolade und Uhren!

BAHNHOF OSTERMUNDIGEN ⋯ MERZENACKER

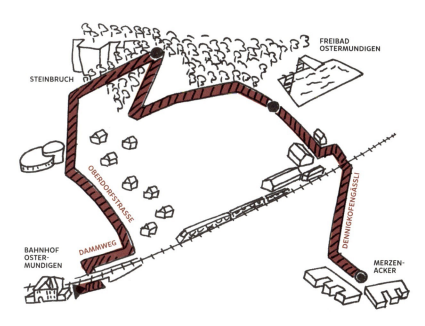

AHA!
Ostermundigen

Ostermundigen ist nach Köniz die zweitgrösste Gemeinde, die direkt an Bern grenzt. Von einem reinen Bauernweiler mauserte sich Ostermundigen über die Jahre hinweg zu einer typischen Agglomerationsgemeinde. Heute stehen nur noch wenige Bauernhäuser in Ostermundigen; das schönste und älteste steht im Ballenberg.

Verlasse den Bahnhof rechts über die breite Rampe, die dich hinunter zur Bernstrasse führt. Schlüpfe links unter der Unterführung durch und biege gleich danach rechts in den Dammweg ab. In dieser kleinen, den Bahngeleisen folgenden Quartierstrasse kannst du die bäuerliche und gewerbliche Entstehungsgeschichte von Ostermundigen hautnah erleben. An Sommertagen findest du hier gackernde Hühner und

Gemüsegärten, ganz nach dem Motto: Gemüse aus dem eigenen Garten schmeckt einfach am besten.

Am Ende erreichst du die Oberdorfstrasse, die dich von der Bahnlinie wegführt. Nach einer Weile überquerst du die obere Zollgasse und landest bei einer grösseren Gabelung. Auf der gegenüberliegenden Strassenseite kannst du gleich zwei Gebete sprechen. Was ist dir lieber: evangelisch oder neuapostolisch?

Gesegnet von Gotteshand setzt du deine Himmelsfahrt der Oberdorfstrasse entlang fort, bis du rechts in die kleinere Hubelstrasse abbiegen kannst. Mit jedem Schritt wird der Weg steiler, die Beine schwerer und du gewinnst an Höhe. Biege links in den Hüsliweg ein, der sich durch eine Reihe Familienhäuser schlängelt. Früher hatten hier die Steinbrecher ihre Unterkunft; sie verhalfen der Wohnsiedlung zum Namen Steingrube.

In der Hälfte des Hüsliwegs führt dich rechts eine Stiege zum Steinbruchweg hoch. Wirf einen letzten Blick auf das schöne Ostermundigen und gehe den Weg entlang nach oben, bis du auf der Höhe des Zivilschutzzentrums bist. Vis-à-vis befindet sich die Pforte zum Wanderweg, der dich zum Steinbruch hinaufgeleitet.

Folge dem erdigen Weg an den Steinblöcken vorbei hin zum Licht. Vor dir erstrahlen die immensen Sandsteinmauern des Steinbruchs. Wagst du einen Blick in die Tiefe? Hier ist kein Platz für Höhenangst! 🆆

AHA!
Stoff für die Altstadt
Viele Bauwerke der Altstadt wurden aus Sandstein des Ostermundiger Steinbruchs gefertigt. Der über 25 Millionen Jahre alte Standstein hat eine grosse kulturhistorische Bedeutung für die Schweiz. So wurde extra eine Bahn gebaut, um das Rohmaterial effizienter zu transportieren. Die Steinbruchbahn Elfe aus dem Jahr 1871 war die erste «gemischte» Zahnradbahn der Welt; sie konnte sowohl auf ebener Strecke als auch am Berghang eingesetzt werden.

Hier oben findest du eine weitere Informationstafel zu den Wegspuren von Klee. Sie enthält Zeichnungen vom Steinbruch, für die sich Klee hier inspirieren liess. Wenige Meter weiter triffst du erneut auf die Hubelstrasse, diesmal auf ihr oberes Ende. Der Weg führt dich in einigen Schlaufen zurück zum Fusse des Bergs. Kurz vor dem Waldrand macht dein Weg eine starke

Linkskurve. Nach einer Weile entdeckst du am oberen Hang ein einzelnes Haus, das wie ein einsames Chalet dasteht. Kurz darauf führt rechts ein kleiner Pfad den Wald hinunter. Du folgst ihm immerzu geradeaus, bis du beim Parking des Freibads Ostermundigen ankommst.

Dieses typische Quartierbad hat ein unkonventionelles Motto: Fun, Action, Spass, Spiel und Poolparty. Sehenswert sind die witzigen, fast schon fotorealen Wandmalereien beim Eingang zum Bad. An warmen Tagen lockt ein Sprung ins kühle Nass, um die müden Beine zu erquicken.

Die Route führt dich vom Bad aus über die Hauptstrasse ins Dennigkofengässli. Unterquere beim Bauernhaus die Bahnlinie Bern–Thun; mit ein wenig Glück rast ein tonnenschwerer Zug in hohem Tempo über dir durch! Der folgende Abschnitt führt vorbei an Feldern und Wiesen und wird vom Lötschenbach dominiert. Diesem unscheinbaren Gewässer werden seit jeher heilende Kräfte nachgesagt. ⓦ

Am Ende des Dennigkofengässli triffst du auf eine alte Bekannte: die obere Zollgasse, die du bereits im Zentrum von Ostermundigen überquert hast. Folge ihr links, bis du rechts in die Wohnsiedlung Merzenacker abbiegen kannst. Diese Siedlung am östlichen Rand der Stadt wurde unter strikter Einhaltung der naturgetreuen Integrität erbaut. Die architektonische Abfolge der Aussenräume sorgt für Kontinuität innerhalb des Siedlungsmusters und gewährleistet einen glatten Übergang zwischen Beton und Natur. ⓦ

MERZENACKER ⋯ TRAMSTATION WITTIGKOFEN

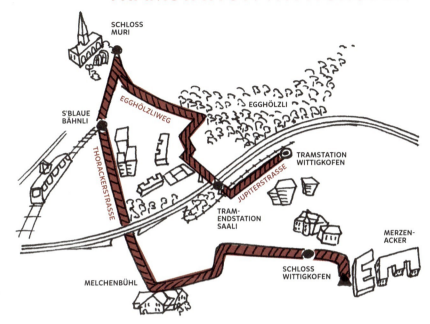

AHA!
Vom Bauernhof zum Schloss

Das Schloss Wittigkofen hat eine langjährige, bewegte Geschichte. Ursprünglich ein Lehen für die Edlen, wechselte es im Laufe der Zeit unzählige Male den Besitzer. 1580 fiel ein Teil des Schlosses einem Brand zum Opfer; er musste komplett ersetzt werden. 1798 wurde das Schloss von französischen Truppen verwüstet und geplündert. Vermutlich deshalb wurde es später zum Hauptquartier der Verteidiger des Ancien Régime.

Nachdem du wieder auf der oberen Zollgasse angekommen bist, gehst du weiter und folgst bei der Weggabelung dem Radwegweiser Richtung Thun/Muri. Der Weg führt dich am Schloss Wittigkofen vorbei. Er ist voller spannender Gegensätze: einerseits das ländliche Schloss und die jungfräuliche Aussicht, andererseits die Hochhäuser des Saaliguts, die in den Himmel ragen. Das Tüpfchen auf dem i sind die grasenden Kühe vor den grauen Wolkenkratzern.

Du folgst stadtauswärts dem Melchenbühlweg. Er darf vom Verkehr nur beschränkt befahren werden, was ihn zu einem Paradies für Radfahrer und Fussgänger macht.

Kurz nach den beiden Bäumen mit der Bank in der Mitte zweigst du links in den Feldweg ab, der dich am Berset-Müller-Denkmal vorbei zum Melchenbühlgut, einem adligen Patrizier Landsitz führt. Die Berset-Müller-Stiftung hatte den Sinn und Zweck, hier auf dem Melchenbühlgut alten und ehrbaren Lehrerinnen und Lehrern Asyl anzubieten. ⓦ

TIPP
Hof Bigler – weck den Bauern in dir

Willst du einen Blick hinter die Kulissen dieses ausserordentlichen Bauernhofs werfen? Die Familie Bigler bietet dir gerne eine Stallführung an. Du kannst hier deine Fähigkeiten als Landwirt unter Beweis stellen: Staple das Heu, pflüge das Feld und melke die Kuh. Zur Stärkung sind verschiedene hofeigene Produkte im Angebot – frische Milch kannst du zu jeder Tageszeit am Automaten beziehen.

Robert Bigler, Landwirt im Melchenbühlgut: «*Nahe von Wittigkofen, dem Manhattan von Bern, liegt unser Gut – das Melchenbühl. Der frühere Besitzer, Herr Berset, hatte keine Ahnung von einem Landwirtschaftsbetrieb. Regelmässige Befehle wie: ‹Kühe werden gedeckt, wenn es regnet›, führten dazu, dass ihm seine Angestellten trotz Rezession davonliefen. In der Not nahm er den Rat eines Freundes zu Herzen und suchte einen Pächter mit vielen Kindern. Dies war mein Ururgrossvater, der 1870 mit seiner Familie und den zwölf Kindern ins Melchenbühl kam. Ich bin die fünfte Generation auf diesem Betrieb und froh, keinen Gutsherren als Chef zu haben. Nun kann ich die Kühe besamen, wenn sie brünstig sind und nicht nur bei schlechtem Wetter.*»

Nach dem kleinen Abstecher folgst du fast einen Kilometer dem Melchenbühlweg, bis du am Ortsschild von Gümligen vorbeikommst. Nach der nächsten Wegkreuzung führt dich die Unterführung unter der rauschenden Autobahn hindurch. Auf der anderen Seite überquerst du die Worbstrasse, folgst ihr kurz nach links und biegst dann rechts in die Thorackerstrasse. Wie du dem Ortsschild entnehmen kannst, hast du soeben den Boden einer neuen Gemeinde betreten: Muri bei Bern. Muri ist die reichste Gemeinde von Bern. Mit ihrem tiefen Steuersatz ist sie ein

Eldorado für Berühmtheiten, vermögende Leute und solche, die es noch werden wollen.

Zu Beginn geht es an der eigenwilligen Steinskulptur «Marmor Carrera il gigante» vorbei und weiter der Thorackerstrasse entlang, bis du die Geleise des blauen Bähnlis, des Worb-Trams, erblickst. Dieses wurde über die Stadtgrenzen hinaus berühmt durch den Sketch «Dr schnäuscht Wäg nach Worb», in dem ein Deutscher an der Berner Gemächlichkeit verzweifelt.

Alexander Tschäppät, Stadtpräsident Bern: *«Als Stadtpräsident bin ich oft mit dem Klischee konfrontiert, wir Bernerinnen und Berner seien langsam. Das ist natürlich falsch. Zunächst: Geschwindigkeit ist relativ. Das wissen wir spätestens, seit Einstein just in unserer Stadt seine geniale Theorie aufstellte. Sodann belegt der Zytglogge, dass wir nicht langsam sind: Unsere weltberühmte Uhr läuft nämlich sogar etwas zu schnell. Und schliesslich kommen neuere Studien zum Schluss, dass auch die Bernerinnen und Berner selbst nicht die Langsamsten sind: Die Menschen in Bahrain und Malawi bewegten sich demnach noch gemächlicher als wir. Und nehmen es die Bernerinnen und Berner trotzdem mal gemütlich, hat das nichts mit Langsamkeit zu tun: Es ist bewusste Entschleunigung.»*

Überquere die Schienen und folge ihnen rechts auf dem kleinen Weg. Zu deiner Linken befindet sich das alte Schloss Muri, ein ehemaliges Kloster, das sich heute in Privatbesitz befindet. Dein Weg geleitet dich allmählich in Muris Zentrum. Sobald du auf die breite Thunstrasse triffst, machst du einen kleinen Schlenker zur Kirche zu deiner Linken, die zu Ehren des Erzengels Michael erbaut wurde. Im Inneren kannst du Überreste des alten und umstrittenen neugotischen Kirchturms bestaunen. Daneben befinden sich auch Reste einer Wandmalerei aus dem 17. Jahrhundert.

Nach der Besichtigung gehst du zurück zur Kreuzung Thorackerstrasse und folgst dieser wieder aus dem Zentrum hinaus. Dieses Mal auf der linken Seite und nur etwa 100 Meter, bis du links in den Egghölzliweg abzweigen kannst.

Schon bald wird die Stimmung wieder ländlicher und du ziehst an einem schmucken Bauernhof und breiten

Feldern vorbei. Sobald du den Waldrand des Egghölzli erreicht hast, wählst du den kleinen Pfad ganz rechts und folgst diesem, bis du die Wegbeschilderung «Tramhaltestelle Saali» entdeckst. Das Saali ist dein nächstes Ziel: Folge den Schildern quer durch das Quartier. Gegen Ende bringt dich eine Brücke über die Autobahn zur Tramstation. Ab der Tramhaltestelle folgst du den Geleisen auf der rechten Seite und nimmst Anlauf Richtung Zielsprung. Schnell wie der Wind saust das Tram an dir vorbei, während du gemütlich der Jupiterstrasse folgst. Kurz vor der Kurve erreichst du die Tramstation Wittigkofen – dein Etappenziel.

Auch die neunte Etappe ist damit zu Ende. Zum Glück wartet noch die letzte Etappe darauf, von dir erwandert zu werden. Du hast in dieser Etappe gleich mehrere an Bern angrenzende Gemeinden kennengelernt. Sei gespannt, was die zehnte Etappe auf Lager hat.

Die **Berner Altstadt** strahlt mittelalterlichen **Charme** aus und versetzt dich in eine Zeit, als die Menschen noch **Beinlinge und Kutte** trugen. Erstaunt es da noch, dass die Altstadt zum **UNESCO-Weltkulturerbe** gehört? Ihrem Flair kann niemand widerstehen – nicht einmal **Goethe**, der sagte, es seien die **schönsten Gassen** der Welt.

DIE WANDERVOLLE ROUTE

START
Tramhaltestelle Wittigkofen, Tram 8, Richtung Saali

ZIEL
Loebegge beim Bahnhofplatz

DISTANZ
9 km

GUT ZU WISSEN
Genügend Zeit einplanen für das Zentrum Paul Klee, den Rosengarten und die Berner Altstadt

HÖHEPUNKTE

Zentrum Paul Klee – Kunst im Fruchtland
Egelsee – auch die Berner wollen einen See
Obstberg – stilvolle Häuser in der Abendsonne
Rosengarten – rosige Aussichten
Aargauer Stalden – Silhouette der Altstadt
Altstadtgassen – «ga rohre»
Käfigturm & Zytglogge – d'Türm vo Bärn
Grosse Schanze – time to say goodbye

Etappe 10

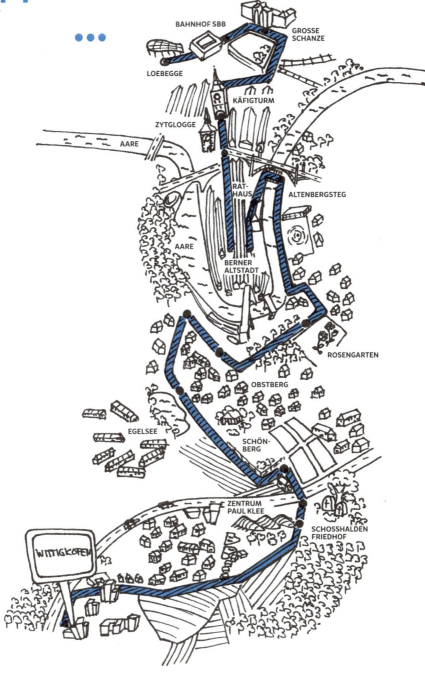

ROSIGE AUSSICHTEN

•••

Die letzte Etappe lässt dich Bern nochmals von seiner schönsten Seite erleben. Von Wittigkofen aus führt dich der Weg zum Zentrum Paul Klee. Auf den Spuren von Klee kommst du am kleinen, reizenden Egelsee vorbei. Quer durch den Obstberg gehst du zum Rosengarten. Dieser verzaubert nicht nur mit seinen Blumen, sondern auch mit einer unbeschreiblichen Aussicht. Als krönender Abschluss wanderst du durch die nostalgische Altstadt, die wie ein Museum entdeckt werden möchte.

Dein Pfad bringt dich durch die historisch-malerischen Altstadtgassen mit ihren berühmten Sehenswürdigkeiten, wie dem Rathaus und dem Zytglogge. Am Ende gelangst du über die Aussichtsplattform der Grossen Schanze und durch den Bahnhof zu deinem Etappenziel, dem Loebegge.

LOS GEHT'S...

WITTIGKOFEN ••• OBSTBERG

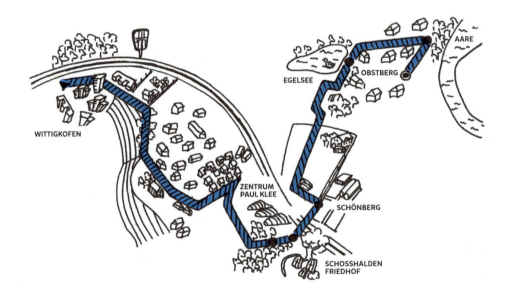

«Wosch ga rohre?» – auso los!
Bei der Tramstation Wittigkofen überquerst du die Tramgeleise und folgst dem Weg parallel zu ihnen, der dich stadteinwärts führt. Statt mit den Tramgeleisen links abzuzweigen, gehst du weiter geradeaus bis zur grünen Birkeninsel. Biege rechts in das

Puffertgässchen ab, das die nächsten paar Minuten dein treuer Begleiter sein wird. Halte beim Teich kurz an, um das mit Schilf und Seerosen bedeckte Gewässer zu bewundern. Links säumen unzählige Schrebergärten den Weg; in ihnen frönen die Städter ihrem grünen Daumen. Du läufst weiter dem Naturweg entlang, der am Schluss in die Buchserstrasse mündet. Folge nun dem roten Radwegweiser Richtung Biel/Olten. Nach einer Weile siehst du rechts mehrere Gebäude der Rudolf Steiner Schule. Ihre Art ist schweizweit bekannt. Sie wendet die viel diskutierte Steiner-Pädagogik an, die sich durch das Arbeiten mit vielen Ritualen auszeichnet.

Kurz vor dem Parkplatz der Schule biegst du links in die Balmerstrasse ab. Gehe geradeaus, bis du vor zwei paradiesischen Teichen stehst. Schon bald geleitet dich rechts ein kleiner Steg über einen der beiden Teiche. Ein wenig weiter geradeaus, und du landest im Nu im Skulpturenpark. Er gehört zum Zentrum

Paul Klee. Mit seinen bizarren Skulpturen und dem Birkenwald verlangsamt er automatisch deinen Schritt – du kannst gar nicht anders, als einen Moment innezuhalten.

Geradeaus oder im wirren Zickzack, ganz wie dir zumute ist, näherst du dich dem berühmten Zentrum Paul Klee. Dieses einzigartige Gebäude mit den drei grossen Wellen, die sich sanft aus der Landschaft erheben, wurde vom Stararchitekten Renzo Piano erbaut. Gehe den schmalen, halbkreisförmigen Weg hinter dem Zentrum entlang. Schon bald siehst du rechter Hand einen kleinen Hügel mit einem spiralförmigen Aufstieg, der Luft-Station – sie ist dein nächstes Ziel.

Die Luft-Station ist eines von 18 Bildern Paul Klees, die Namensgeber für Strassen in dieser Gegend sind. Von oben hast du einen einzigartigen Blick über den Schosshaldenfriedhof und weite Teile

AHA!
Schaurig schön
Der Schosshaldenfriedhof mit seiner grosszügigen Fläche, den urwüchsigen Bäumen und den historischen Alleen ist der grösste Friedhof in Bern. So erstaunt es nicht, dass du hier einen Lehrpfad zu über 200 Gehölzern und Stauden findest. Auch in der Schweizer Literatur wird dieser Totenacker erwähnt, nämlich im Kriminalroman «Der Richter und sein Henker» von Friedrich Dürrenmatt.

von Bern, vor allem aber auch über das Zentrum Paul Klee.

Hier am Hügel findest du auch die letzte Ruhestätte von Paul Klee, die mit einem seiner Zitate versehen ist. ⓦ

Wenn du wieder unten angekommen bist, folgst du dem Weg nach rechts. Vor dir liegt das Fruchtland, das nach einem weiteren Bild Klees benannte Gebiet. Lust auf einen kurzen Abstecher ins Zentrum Paul Klee? Auch für Kunstbanausen ist dieser kulturelle Leckerbissen sehenswert: Es ist viel mehr als nur ein traditionelles Kunstmuseum – mit seinen Workshops, Wechselausstellungen, Konzerten und dem Kindermuseum bietet es ein Rund-um-Erlebnis. Über den Weg «das Monument im Fruchtland» gelangst du zum Eingang. ⓦ

Nach dem Museumsbesuch gehst du zurück Richtung Parkplatz und überquerst die ewig rauschende Autobahn A6. Dein Weg führt dich an der modernen Überbauung, dem Schönberg, vorbei. 🅦

AHA!
der Wandel
von schaurig zu schön

Hier auf dem Schönberg befand sich früher das Galgenfeld mit der von weither sichtbaren, öffentlichen Richtstätte. Die Überlegung dahinter war, eine möglichst grosse Abschreckung zu schaffen. Vor Kurzem wurden hier in grösserem Ausmass Skelette gefunden, die von unehrenhaft verscharrten Leichen stammen. Doch die Zeiten ändern sich und so ist dieser Ort heute, wie sein Name verrät, schön.

Auf der linken Strassenseite kannst du gleich nach dem Berner Landhaus in den mit Pflastersteinen versehenen Weg abzweigen. Diese Gegend ist der perfekte Ort, um der Stadthektik und dem aufbrausenden Alltag zu entfliehen. Das alte Bauernhaus, ein Speicher und grasende Pferde untermalen den ländlichen Eindruck.

Du gehst rechts in den Familienspaziergang hinein und folgst dabei nicht «den Umwegen», sondern gehst immerzu geradeaus.

Am Ende des Spazierwegs überquerst du die Laubeggstrasse und betrittst den Weg mit dem Namen «warum zu Fuss». Hörst du ein Kinderlachen?

Hier befindet sich ein Spielplatz der anderen Art, die Spielbrache Wyssloch. Unter dem Motto: «Alles, was Freude und Spass macht, darf hier gemacht werden, solange es niemanden gefährdet.», lässt dieser Ort den einen oder anderen Erwachsenen nostalgisch werden. Hast du Lust, die Brache aktiv mitzugestalten? So greife zu Schaufel und Pickel und lasse deiner Kreativität freien Lauf.

Biege bei der Engelgasse rechts ab und gehe ein paar Schritte, bis du zu deiner Linken hinter einem kleinen Tor den schmalen Fussweg mit dem Namen «Schreiten und Gleiten» findest. Schreite oder gleite, ganz wie dir zumute ist, diesen paradiesischen Weg entlang. Wage einen Blick zwischen den Bäumen hindurch. Tatsächlich! Da versteckt sich ein kleiner See. Mitten in der Stadt, umrandet von Wohnhäusern, befindet sich der unscheinbare, romantische Egelsee. Erstaunlicherweise ist diese kleine Idylle manchem Berner unbekannt. Tauche unter und sage einem der unzähligen Fische herzlich «Grüessech».

Promeniere dem See entlang. Ein paar Meter nach dem Restaurant stösst du auf die belebte Muristrasse. Gehe hier nach rechts und folge der Strasse. Schon bald geht es langsam abwärts und die Strasse ändert ihren Namen in Grosser Muristalden. Nach ein paar Metern kannst du rechts in den schmalen Fussweg, den Kleinen Muristalden, abzweigen.

Die Route führt dich an der Tavelterrasse vorbei, die nach dem bekannten Berner Dichter **Rudolf von Tavel** benannt wurde. Der Trog des Brunnens soll einst bei seinem Wohnhaus gestanden haben.

Kurz nach der Terrasse gehst du rechter Hand über eine kleine Fussgängerbrücke und folgst dem Weg hinauf, bis sich der Höheweg mit der Bantigerstrasse

AHA!
«Ja gäll, so geits»
So heisst eines von Rudolf von Tavels unzähligen Werken. Er gehört zu den Klassikern unter den Schweizer Mundart-Autoren. Seine Werke auf Berndeutsch, die sich alle durch Anmut, Würde, Christlichkeit und eine Prise Humor auszeichnen, zählen zu den meistgelesenen ihrer Art. Zur Zeit des Ersten Weltkriegs wurden von Tavels Werke als ideologische Unterstützung geschätzt.

kreuzt. Du befindest dich nun im beschaulichen Obstbergquartier – doch wo sind sie bloss, die Obstbäume? Naja, im Galgenfeld hat es ja auch keine Galgen mehr. Ist dir bewusst, dass du dich hier auf einem Moränenrücken fortbewegst?

Gehe ein paar Meter links den Höheweg hinunter, bis du rechts in den Obstbergweg abzweigen kannst. Deine Route führt dich zwischen mächtig wirkenden Backsteinhäusern hindurch – den ältesten Bauten des Quartiers. Klee verfolgt dich auch hier auf Schritt und Tritt: Das Haus am Obstbergweg 6 gehörte seinen Eltern. Klee höchstpersönlich hat hier einige Jahre seines Lebens verbracht.

Am Ende des Obstbergwegs biegst du nach rechts in den Klaraweg ab und stösst erneut auf die Bantigerstrasse, der du nach links folgst. Du hast dir nun einen Zwischenhalt im romantischen Restaurant Obstberg verdient – nur zu, es lohnt sich!

TIPP

Restaurant Obstberg – bäumig essen seit 1908

Ein romantisches Restaurant mit Tradition und französischem Ambiente: Die Brasserie überzeugt durch eine herzliche Atmosphäre, während der Garten Ruhe und Gelassenheit ausstrahlt. Die Gerichte werden mit viel Liebe zubereitet und die Zutaten sind immer saisonal und marktfrisch. Der Service ist ausgezeichnet und lässt nichts zu wünschen übrig. Ein Ort wie ein zweites Zuhause – was will man mehr.
Tel. +41 31 352 04 40

OBSTBERG ··· RATHAUS

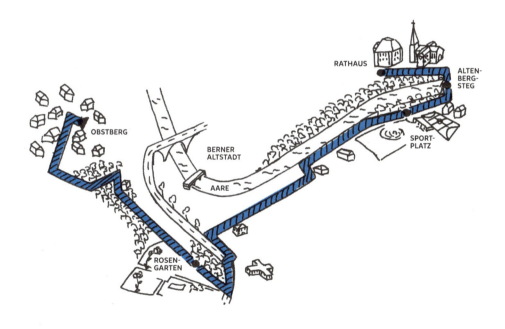

Frisch gestärkt, geht es frohen Mutes weiter auf der Bantigerstrasse. Bereits bei der ersten Abzweigung verlässt du sie über den Wattenwylweg nach links. Dieser mündet sogleich in den Brüqqlerweg. Gehe einige Schritte nach rechts, um gleich wieder scharf links in den kleinen Weg abzubiegen. Gehe abwärts, vorbei an der pompösen Villa, die sich stolz im Park präsentiert.

Du überquerst eine kleine Terrasse und marschierst rechts den steilen Fussweg zum Rosengarten hoch. Bist du oben angekommen und hat sich dein Puls beruhigt, so kannst du den mit Pflanzen verzierten Park bestaunen. Schwer zu sagen, was im Rosengarten spektakulärer ist: die unzähligen Rosen oder die einmalige, ja fast schon aussergewöhnliche Aussicht. Die Altstadt wirkt mit ihren Häusern, Gassen, Türmen und Brücken wie ein zu Sandstein erstarrtes Monument aus alten Zeiten. Betrachtest du von hier aus die Aare, siehst du sofort, woher die Berner Altstadt ihre Form hat.

AHA!
Rosen mit Ausblick
Der Berner Rosengarten hat eine regelrechte Metamorphose durchlebt. Der ehemalige Friedhof wurde abgebaut. So wurde Platz geschaffen für eine Parkanlage mit über 200 Rosensorten, einem Seerosenteich und einem Pavillon. Die Skulpturen, der Springbrunnen und der Irisgarten machen die Anlage zu einer echten Erholungsoase. Hole dir doch ein Buch in Mundart aus der Bibliothek und führe es dir im wunderschönen Lesegarten zu Gemüte.

Die beiden Flussläufe liegen beinahe parallel zueinander, was dem Altstadtquartier seine spezielle Geometrie verleiht.

Sobald du genug von all den Dornen, Blüten und Düften hast, kannst du den Park durch den gegenüberliegenden Ausgang verlassen. Marschiere zur Kreuzung mit den zahlreichen Ampeln hinunter und lasse dich vom Aargauer Stalden Richtung Aare hinablotsen.

Wusstest du, dass hier der bekannte Laufanlass «Grand-Prix von Bern» durchführt? Mit über 30'000 Läufern ist er einer der grössten Läufe der Schweiz. Seine Route gilt als «die zehn schönsten Meilen der Welt». Unzählige Läufer schlängeln sich jeweils wie ein endloser Tatzelwurm durch Berns enge Gassen und tragen damit zu einer einzigartigen Stimmung bei.

Martin, 48, Golden Runner: *«Eigentlich bin ich sicher: Es war Liebe auf den ersten Schritt! Es ist halt nicht irgend so ein Lauf, es ist der Grand-Prix von Bern! Grund genug, mich 1982 für den ersten GP anzumelden. Schon nach ein paar Jahren genoss dieses rundum geniale Lauffest absolute Priorität in meiner Agenda, und dies nicht etwa, um Podestplätze zu errennen, sondern ganz einfach, um es zu geniessen und – nie zu fehlen! Wenns denn nicht anders geht, wird dafür auch mal ein Hochzeitsapéro unterbrochen, um, wohl nicht mehr ganz nüchtern, rechtzeitig am GP-Start bereitzustehen. Unvergessen, vor allem für die Füsse, bleiben auch die 10 Meilen in schweren, schwarzen Halbschuhen. Die Laufschuhe hatte ich zu Hause vergessen, aber «was wottsch, da gits ke Pardon...»! Einer der schönsten GPs, aber definitiv auch der schweisstreibendste, war der 25.: In historischer Musikuniform und mit geschultertem Blechhorn rannten wir zu zweit und spielten vom Start bis über die Ziellinie alle paar Kilometer den Bernermarsch! Nächstes Jahr im Mai ist es wieder so weit: Chunsch ou?!»*

Bei der ersten Abzweigung gehst du die Steintreppe hinab und gehst links hinunter bis zur Lerberstrasse, der du ein kleines Stück nach rechts folgst. Die Häuser an diesem Weg erinnern ein wenig an ein kleines Schweizer Dorf mit Winterchalets. Vor der Hausnummer 23 führt eine Treppe quer zwischen den Häusern hindurch abwärts Richtung Aare. Wie du merkst, begleitet dich das Wanderwegfeeling sogar mitten in der Stadt Bern – typisch wandervoll.

Unten an der Altenbergstrasse angekommen, gehst du ein kleines Stück nach rechts und, beinahe auf Augenhöhe mit der Aare, folgst dem Uferweg flussabwärts. Du schwebst dabei an Sportplätzen und mondänen Villen vorbei. Schon bald gelangst du zu einem Steg, dem Altenbergsteg. Überquere die Aare über diese Kettenbrücke, die 1857 erbaut wurde und damit die älteste ihrer Art in der Schweiz ist. Hast du genügend Kleingeld dabei? Bis 1847 hättest du hier nämlich ein Brückengeld für das Überqueren bezahlen müssen.

Am anderen Ufer gehst du die Treppen hoch und folgst dem Schild Richtung Rathaus links hoch. Der neben dir liegende Hang heisst Schütte. Wie es sein Name vermuten lässt, wurde er früher von den Altstadtbewohnern als bequeme und naheliegende Müll- und Schuttkippe missbraucht – und dies, obwohl es damals noch keine Abfallsackgebühren gab.

RATHAUS ··· LOEBEGGE

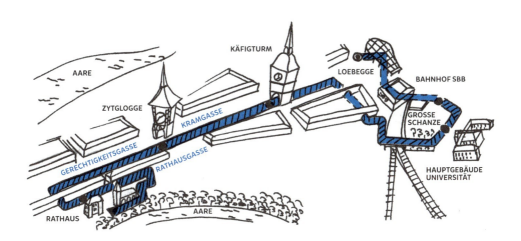

Ziehe rechts am Rathausparking vorbei. Überquere die Hauptstrasse und gehe nach rechts, bis der Stettbrunnen wenige Meter neben dir aus dem Boden ragt. Er ist der einzige noch funktionierende Brunnen aus dem Mittelalter in Bern. Daneben versteckt sich eine dunkle Treppe, die dich hinaufführt zum Metzgergässli. Hier liegt auch das alte Schlachthaus, in dem heute ein Theater untergebracht ist. Mitten durch das Schlachthaus floss früher ein Abfluss des Stadtbachs, der die Aufgabe hatte, die blutroten Schlachtspuren zu entfernen.

10

AHA!
Leben in den Gassen
Erlebe selbst, wie das einmalige Ambiente das Bummeln in den Lauben zum Erlebnis der besonderen Art macht. Wären da nicht die Neonschilder und die modernen Schaufenster, könnte man sich problemlos eine vorbeiratternde Kutsche vorstellen, aus der eine Frau mit bodenlangem Rock aussteigt, um den Einkauf vom Markt nach Hause zu tragen. Es herrscht viel Leben in den Gassen; da wird Wein getrunken, getratscht und gequatscht – ganz wie früher.

Gehe nun durch das Metzgergässchen und biege nach links in die Rathausgasse ein – schon bist du im Rohr. Von welchem Rohr ist da die Rede?! Die romantischen, mittelalterlichen, fast sechs Kilometer langen Lauben dürfen sich als die längste gedeckte Einkaufspromenade der Welt rühmen. Berner nennen sie umgangssprachlich «das Rohr», daher der Begriff «ga rohre». Wo sonst auf der Welt kannst du bei Regen trockenen Fusses durch die Gassen schlendern?

Das spätgotische Rathaus mit den markanten Fronttreppen ist das politische Zentrum der Stadt und des Kantons Bern. [w]

Hier wird über Berns Zukunft debattiert und politisiert. Wandere weiter geradeaus der Postgasse entlang. Die Route führt dich an einem Brunnen vorbei. Die kleine Plattform über dem Brunnentrog erinnert an ein Sprungbrett – dennoch ist ein Sprung ins Blaue nicht empfehlenswert.

Etwa 100 Meter weiter vorne biegst du rechts in eine schmale Seitengasse, das Antoniergässchen, ab. Diese kleinen Quer- und Seitengassen der Altstadt sind kontrovers: Einerseits sind sie gespickt mit kulturellen und historischen Sehenswürdigkeiten, andererseits wirken sie eng, wenig einladend und fast schon beängstigend. Du hast jedoch nichts zu befürchten, schliesslich befindest du dich in der ungefährlichen Beamtenstadt Bern.

Roger, 51, Altstadtbewohner: *«Altstadt forever! Eine Villa auf dem Lande oder ein Haus am Stadtrand – nein danke! Nichts könnte mich überzeugen, von hier wegzuziehen. Das Flair der Altstadtgassen, das Leben in den Innenhöfen, die charmanten Wohnungen, die Sicht über die Dächer, die lauschigen Terrassen – einen anderen Wohnort kann ich mir nicht vorstellen. Jeder kennt jeden – man hilft sich, lädt ein zum Kaffee, tauscht den neusten Tratsch aus oder veranstaltet gemeinsam ein Strassenfest. Dorfleben mitten in der Stadt – darauf möchte ich nicht mehr verzichten!»*

Nach dem Durchgang befindest du dich in der Gerechtigkeitsgasse. Wie der Name vermuten lässt, befand sich hier bis 1830 der Richtstuhl für das Blutgericht. Lass dich in der Gasse nach rechts stadtaufwärts treiben. Wer auf der linken Seite geht, wird unter den Lauben eine wahre Perle entdecken: Im Café Bar Blue Cat locken neben dem echten Espresso und dem feinen hausgemachten Kuchen unzählige Drinks, die Marcel und seine Angestellten für dich zusammenmixen. Zudem schafft die einmalige Dekoration aus über 100 Kunstwerken mit Katzen aller Art ein gelungenes Ambiente.

> **TIPP**
>
> ## Rathaus Apotheke – heilende Geschichte
>
> Die Rathaus Apotheke in der Berner Altstadt verdient sich zu Recht den Titel als älteste bestehende Apotheke der Stadt Bern, ja der Schweiz. Ihr Ursprung reicht bis ins Jahr 1571 zurück. Unter der Bezeichnung «Tütsche (Deutsche) Apotheke» wurde hier eines der ersten Geschäfte dieser Art eröffnet. Heute liegt die Führung in den Händen von Dr. Stefan Fritz, der die Rathaus Apotheke mit Stolz leitet. Nebst moderner pharmazeutischer Betreuung, hat der Betrieb ein eigenes kleines Apothekenmuseum zu bieten. Von Flaschen bis hin zu Rezeptbüchern kannst du hier viele Schätze der Vergangenheit bestaunen. Durch den Umbau gelang eine perfekte Harmonie aus Alt und Neu, sodass der Besuch zu einem unvergesslichen Erlebnis wird.

AHA!
Der Hahn kräht, der Bär tanzt
Schon vor 600 Jahren erklang hier der erste Glockenschlag. Der Zytglogge, ein mittelalterlicher Wehrturm, ist eines der ältesten Bauwerke der Stadt Bern. Berühmt ist er vor allem wegen seiner astronomischen Spieluhr. Früher diente das aus dem Jahre 1530 stammende Uhrwerk als Hauptuhr der Stadt. Heute erquickt das Figurenspiel mit krähendem Hahn und tanzendem Bären Jung und Alt.

Nach einer Weile ändert die Gasse ihren Namen und wird zur Kramgasse. Diese war lange Zeit das Herzstück der Stadt. Einst Berns belebtester Handelsort, ist sie heute ein echter Touristenmagnet. Am Ende der Kramgasse erreichst du den Zeitglockenturm, den Zytglogge.

> **TIPP**
>
> ### Bern Tourismus – Hast du noch immer nicht genug über Bern erfahren?
>
> **Auf dem UNESCO-Altstadtbummel lernst du viele weitere Gesichter von Bern kennen. Hast du Lust, den Zytglogge von innen zu erkunden? Die Zeitglockenturmführung nimmt dich mit in einen Turm, in dem die Zeit stehen geblieben ist. Die Besichtigung des Uhrwerks erlaubt dir, Schritt für Schritt den Abläufen des Figurenspiels zu folgen.**

Trete unter dem imposanten Torbogen hindurch und du erblickst das Licht der heiteren Marktgasse. Der Name ist Programm: Ein Geschäft reiht sich hier ans andere. So macht Shopping Spass! «Latsche» an den vielen Läden vorbei und nähere dich so dem Käfigturm. ⓦ

Du befindest dich zwischen zwei grossen Plätzen: Zu deiner Rechten erkennst du den Waisenhausplatz und zu deiner Linken den Bärenplatz. Letzterer ist einer der schönsten Flecken von Bern mit Blick auf das Parlament.

Dein Weg führt dich Richtung Bahnhof in die Spitalgasse hinein. Kurz nach der Von-Werdt-Passage siehst du rechts in der Schweizerhof-Passage das Restaurant Mille Sens.

TIPP
Restaurant mille sens – Goûts du monde

Das Mille Sens macht seinem Namen alle Ehre: Mit seinen kulinarischen Höhenflügen aus der ganzen Welt, den «Goûts du monde», werden all deine Sinne berührt. Marktfrische Speisen und geheimnisvolle Gewürze werden zu einem Feuerwerk der Geschmäcker vereint. Lasse dich im modernen Ambiente oder auf der ruhigen Terrasse zu einem Menu Surprise verführen. Du hast es dir als krönenden Abschluss und als Belohnung für all die Etappen verdient.

Nach dem Besuch des Mille Sens gehst du ein paar Schritte zurück und zweigst links in die Von-Werdt-Passage ab. Du gehst links der Neuengasse entlang und biegst kurz danach rechts in die Genfergasse ab. Sie führt dich zur Aarbergergasse, dem Äquivalent zur Zürcher Langstrasse. Restaurants, Bars und Clubs schiessen hier wie Pilze aus dem Boden und bieten zu jeder Tageszeit Unterhaltung für Jung und Alt.

Folge der Aarbergergasse Richtung Bahnhof bis zum Bollwerk. Bevor du die Hauptstrasse erreichst, nimmst du die Treppe, die dich zur Passerelle befördert. Gehe rechts um die Ecke, wo eine weitere Treppe auf dich wartet. Überquere das Parking geradeaus, wo dich eine letzte Treppe nochmals ins Schwitzen bringt. Nun hast du es geschafft: Vor dir befindet sich die Grosse Schanze, der begrünte Dachgarten des Bahnhofparkings. Seinerzeit war die Schanze ein wichtiger Teil der Stadtbefestigung. [w]

Die Gebäude um dich herum gehören alle zur Universität Bern und sind ein Augenfang. Passiere die Schanze Richtung Westen, bis du dich vor dem Hauptgebäude der Universität befindest. Dieser Kuppelbau aus dem 20. Jahrhundert ist eine Mischung aus Neurenaissance und Neubarock und gibt dir ein bisschen das Gefühl, auf einer Pariser Avenue zu stehen.

Bevor du die Terrasse verlässt, solltest du ein letztes Mal innehalten und die Aussicht über die Stadt, das Münster, den Gurten und die Berner Alpen geniessen. Lasse dich inspirieren und erinnere dich an all die schönen Momente und Erlebnisse auf deiner Berner Stadtwanderung.

Gehe zum Häuschen mit der Liftanlage, die dich hinunter in die Bahnhofsunterführung bringt. Ganz links siehst du den Express-Lift, der ohne Zwischenhalt durch den mit farbigen Neonröhren beleuchteten Schacht bis ganz nach unten rast.

Im untersten Geschoss angekommen, siehst du vor dir eine lange, unterirdische Passage. An deren Ende erreichst du die grossräumige Bahnhofshalle. ⓦ

Von hier aus folgst du den Schildern Richtung Expo. Die Christoffelpassage

AHA!
Z'Bärn acho, um z'blibe
Der Bahnhof Bern ist der zweitgrösste Bahnhof der Schweiz. Der Bahnhof und der Bahnhofplatz wurden im Lauf der Jahre unzählige Male umgestaltet beziehungsweise neugebaut. Alles begann 1860, als in der Nähe der Heiliggeistkirche ein Kopfbahnhof erbaut wurde. 1891 wurde ein neuer Durchfahrtsbahnhof nordwestlich der Heiliggeistkirche fertiggestellt. Erst 1974 wurde der heutige Bahnhof am jetzigen Standort errichtet.

ist benannt nach dem gleichnamigen Christoffelturm, der einst an dieser Stelle stand. Aus heute schwer nachvollziehbaren Gründen wurde er 1865 abgerissen. Einzig ein paar Überreste der Mauern und der Kopf der Statue des heiligen Christoffel sind erhalten geblieben. Eine weitere skurrile Attraktion ist der Gassengucker – ein Gemälde, das dir frech und ungeniert Schritt für Schritt nachschaut.

Am Ende der Passage gelangst du über die Rolltreppen hinauf zum Loebegge. Damit hast du das Etappenziel und gleichzeitig den Start der ersten Etappe erreicht. Was dir bleibt, sind schöne Erinnerungen an eine grossartige Wanderung durch das spannende, beschauliche Bern. Wir sind sicher, jetzt kannst und wirst du sagen: «Bärn, i ha di gärn!»

ÜBERSICHT DER TIPPS

1 Restaurant Café Entrecôte Fédérale
Klösterli Weincafe
Schwellenmätteli Restaurants
Seilpark

2 Restaurant Essort
mille vins Weinhandlung

3 Restaurant Frohegg

4 Restaurant Haberbüni

5 Gasthof zum Sternen
Ganesha

6 Showroom
Restaurant Waldheim

7 Apfelgold – desserts et livres

8 Crêperie Le Carrousel
Haupt Buchhandlung
wartsaal Kaffee Bar Bücher
Parfümerie Yours
Restaurant Volkshaus

9 Hof Bigler

10 Restaurant Obstberg
Café Bar Blue Cat
Rathaus Apotheke
Restaurant mille sens

HOTELEMPFEHLUNGEN

TIPP

Hotel Bern – Tradition nach Berner Massstab

Das Hotel Bern, auch bekannt unter dem Namen Volkshaus, gehört zu Bern wie der Bärengraben. Hinter der gut erhaltenen Jugendstilfassade lässt es sich fürstlich logieren. Echte Berner Hoteltradition mit einem Hauch von Art déco vereint mit modernen Komponenten. Ein gelungener Mix und die ideale Ruhestätte für erschöpfte Stadtwanderer.

Zeughausgasse 9, 3011 Bern, +41 31 329 22 22

TIPP

Hotel Alpenblick – schlafen wie in den Bergen

Das zentral gelegene Hotel Alpenblick ist ein Muss für jeden Hotelliebhaber. Die gemütlichen Zimmer garantieren dir einen ruhigen Schlaf, während dich das kreative Küchenteam im Restaurant mit spannenden Gerichten verwöhnt. Wunderschöne Bergbilder lassen dich neue Kräfte sammeln und machen dir klar: Du befindest dich in einer wahren Erholungsinsel.

Kasernenstrasse 29, 3013 Bern, +41 31 335 66 66

TIPP
Sorell Hotel Ador – wo Wanderer träumen

Das frisch renovierte Sorell Hotel Ador gilt als Geheimtipp in der Stadt Bern – hier stimmt einfach alles: Schöne Zimmer, grosszügige Bankettraümlichkeiten sowie eine tolle Café-Bar-Lounge zum Ausspannen und Geniessen sorgen für einen angenehmen Ausgleich zum Alltag.

Laupenstrasse 15, 3001 Bern, +41 31 388 01 11

TIPP
Sorell Hotel Arabelle – Oase in der Länggasse

Das wunderschöne Sorell Hotel Arabelle ist eine Wonne sowohl für Geschäftsreisende als auch für urbane Städtewanderer. Die einladende Atmosphäre und der engagierte Service der Mitarbeitenden sorgen dafür, dass die Gäste sehr gerne in diesem Hotel logieren. Das prachtvolle Hotel ist eine Oase der Erholung für deine müden Beine. Es liegt sehr zentral, nur wenige Gehminuten vom Hauptbahnhof entfernt.

Mittelstrasse 6, 3012 Bern, +41 31 301 03 05

ZU GUTER LETZT

Nach zehn Etappen kennst du Bern besser als manch einer, der in dieser wunderbaren Stadt lebt. Du hast sie zu Fuss auf eine ganz besondere und intensive Art kennengelernt und viele unvergleichliche Eindrücke gewonnen, die dir hoffentlich noch lange in Erinnerung bleiben werden. Auf der gesamten Route bist du beinahe durch alle Quartiere von Bern gewandert und hast die Vielseitigkeit und die Gegensätze der Stadt selbst wahrnehmen können.

MERCI VIU MAU!

Ein solch komplexes Projekt ist nur zusammen mit einem Team realisierbar. Gemeinsam haben wir das erreicht, woran sich heute viele Stadtwanderer erfreuen dürfen. Für den grossen Fleiss und die Anstrengungen aller Mitwirkenden möchten wir uns an dieser Stelle ganz herzlich bedanken.

Die Lektorin
Christine Mäder

Wertvolle Informationen
Michael Keller und Ursula Arregger von Bern Tourismus

Layout, Grafik, Illustration
Andreas Ott, Sandra Hersberger und Michelle Stark vom büro a+o

Website wandervoll.ch
Alessio Carpinelli

Entwicklung der wandervoll-App
Andreas Garzotto von Garzotto GmbH

Hosting und IT
Christoph Camenzind

Vermittlung zahlreicher Senfer
als Kommunikator
Laura Fässler

Überprüfung historischer und
kunstgeschichtlicher Fakten
Samira Hüsler

Probewanderin
Sabine Krummenacher

Sponsoren
Die Mobiliar Versicherung und Vorsorge
Bern, Bern Tourismus

Die Stimme der Vernunft
Rolf Kocher